ALEXANDER
FEST
VERLAG

Matthias Geis / Bernd Ulrich

Der Unvollendete
Das Leben des Joschka Fischer

Alexander Fest Verlag

Inhalt

Echte Fotos, falsche Bilder:
Annäherung an einen Fremden

Es war im März 1983, als Otto Schily einen Anruf aus Hessen erhielt. Die Bundestagswahlen waren gelaufen, die Grünen hatten erstmals die Fünf-Prozent-Hürde übersprungen und schickten sich an, in den Bundestag einzuziehen. Schily, der Anthroposoph, der vornehme Anwalt, der erste Grüne mit Krawatte, hatte keine Ahnung, was das für ein Haufen sein würde, mit dem er demnächst ganze Tage und halbe Nächte verbringen müßte. Mit wem sollte er, der Realissimo, da bloß zusammenarbeiten? Der Anrufer am anderen Ende der Leitung hieß Rupert von Plottnitz, auch ein Anwalt, dazu ein Grüner von blauem Blut. Plottnitz gab Schily einen Tip: Da kommt einer, der aussieht wie ein Halbstarker und auch so redet, einer, der vermutlich nicht einmal weiß, wie man eine Krawatte bindet. Auf den mußt du achten, der wird wichtig. Schily befolgte den Rat seines Anwaltsfreundes und sah sich diesen jungen Mann aus Frankfurt genauer an: das arrogante Auftreten, das einen wie Schily natürlich nicht schrecken konnte, das geschickte Taktieren, geschickter, als es Schily je beherrschen würde. Es war der Beginn einer väterlichen Freundschaft und der Beginn der beispiellosen Karriere Joschka Fischers.

Kein anderer in der deutschen Politik ist von so weit »unten« und zugleich von so weit »draußen« so weit nach oben gekommen wie er. Natürlich gibt es führende Politiker, die sich aus kleinen Verhältnissen hochgearbeitet haben. Der amtierende Bundeskanzler ist dafür das prominenteste Beispiel. Aber Gerhard Schröder hat von Anfang an alles getan, um an die Spitze der Gesellschaft zu gelangen. Er hat Abitur gemacht, Jura studiert und sich politisch da angesiedelt, wo man den Moden der Zeit entsprechend ordentlich radikal, gleichzeitig aber der Macht ganz nah sein konnte: bei den Jusos.

Zwar vermochten sich auch einige andere, die der Gesellschaft und der Demokratie einmal genauso fernstanden wie Fischer, später noch zu etablieren – die Kampfgenossen Tom Koenigs und Daniel Cohn-Bendit etwa, die heute honorige Herren, Respektspersonen sind. Doch wuchsen sie in großbürgerlichen Verhältnissen auf, bevor sie sich radikalisierten. Letztlich sind sie nach einer langen, wirren Reise nur dorthin zurückgekehrt, woher sie kamen.

Joschka Fischer ist der Sohn eines Metzgers, eines Exil-Ungarn, der nach der Emigration in einer schwäbischen Fleischfabrik arbeiten mußte. Fischer junior hat die Schule abgebrochen und nicht studiert, er hat Steine geschmissen und abstruse Vorstellungen über die bürgerliche Gesellschaft vertreten. Er hat mehr als fünfzehn Jahre damit zugebracht – manche würden sagen: verplempert –, in der einen oder anderen Art die Revolution zu planen, die anarchistische, die rätedemokratische, die ökologische, ja ein wenig sogar die feministische. Und heute ist er Außenminister, Vizekanzler und, was noch überraschender zu sein scheint, der mit Abstand populärste Politiker des Landes. Hinter ihm liegt, wie gesagt, die außergewöhnlichste Politikerkarriere der Nachkriegszeit. Das ist, mit einem Wort: interessant.

Und weil es so interessant ist, wurden über Joschka Fischer mehr Artikel geschrieben als über jeden anderen. Mit kaum einem Prominenten wurden in den letzten Jahren mehr Interviews geführt als mit ihm. Also müßte das Geheimnis dieses Mannes eigentlich gelüftet, das Rätsel seiner Karriere gelöst sein.

Aber so ist es nicht. Vieles steht einem realistischen Fischer-Bild entgegen, manch krude Vorstellung über die Macht, offene oder heimliche Politikverachtung, und vor allem: Joschka Fischer. Er war immer der Chefinterpret seiner selbst. Mit niemandem kann man sich so angeregt über ihn unterhalten wie mit ihm. Meist erfährt man dabei auch etwas Neues über den Realo, über die Grünen, über die Politik, über die Republik, neuerdings auch darüber, wie die Weltgeschichte im Innersten zusammenhängt. Selten gehen seine Deutungen völlig an der Realität vorbei, obwohl auch davon zu berichten ist. Nur – seine plausiblen Interpretationen widersprechen sich, wenn man sie über die Jahrzehnte hinweg verfolgt. Wie Fischer sich sieht oder wie er gesehen werden will, hängt sehr von den jeweiligen Umständen ab, manchmal sogar von der Kleidung, die er gerade trägt. Wenn er sich in seinem dreiteiligen Dienstanzug nach vorn beugt, die Stirn in Falten legt und bedeutungsvoll leise sagt: Ich habe schon so viele Veränderungen durchgemacht, wirkt das überzeugend. Wenn er dann aber wenige Tage später in Berlin-Mitte wie ein Sozialhilfeempfänger herumläuft, mit Fleecepulli, ausgebeulter Jeans und Plastiktüte, ist man sofort bereit, ihm den gegenteiligen Satz zu glauben: Ich habe mich gar nicht so sehr verändert; so wie ich jetzt hier sitze, so bin ich wirklich.

Trotz aller Widersprüche hat Joschka Fischer es geschafft, ein Bild von sich zu zeichnen, das bei den meisten Leuten ankommt und das stimmig wirkt – eine gewisse Bereitschaft zu mildem Vergessen vorausgesetzt. In seinen Erzählungen ist Fischer ein verantwortungsbewußter Rebell, ein Individualist der Macht, einer, der sich viel auferlegt und doch alles geschafft hat, ein äußerst disziplinierter Sponti, der Mann, der die Lage der Dinge schon erkennt, während die anderen noch träumen; einer, der allein dank seiner Talente, vielleicht mit etwas Glück, nach ganz oben gekommen ist. Und Marathon läuft er auch noch. Das ist eine schöne, fast wahre Geschichte, die er da erzählt, eine moderne Heldensaga, auf die man eigentlich nur mit Bewunderung reagieren kann.

Bewunderung jedoch ist nicht jedermanns Sache. Und so hat sich im Laufe der Zeit eine Gegenerzählung herausgebildet, an der viele mitgeschrieben haben. Sie geht, grob skizziert, so: Joschka Fischer war zeit seines Lebens nur an Aufstieg und Karriere gelegen, ein Mann ohne Skrupel und ohne wirkliche Überzeugungen. Er hat die Menschen um ihn herum und die grüne Partei mit Hilfe der berüchtigten Fischer-Gang für seine Zwecke instrumentalisiert. So gesehen ist er ein entseelter Machtmensch, ja verkörpert er genau den Politikertypus, vor dem uns die Spontis immer gewarnt haben.

Man kann noch nicht einmal sagen, daß diese Einschätzung Fischers weniger stimmt als dessen Selbsteinschätzung. Doch jene, die das Bild vom gewissenlosen Machtmenschen zeichnen, sind so nervtötend eifrig daran interessiert, Fischer zu widerlegen, ihm nachzuweisen, daß er all die Ideale verraten hat, an die man selbst nicht mehr glaubt – und vor lauter schwerer Entlarvungsarbeit gehen ihnen die wirklich spannenden Fragen verloren. Sein Aufstieg war schließlich nicht schon allein deshalb möglich, weil er ihn gewollt hat. Auch nicht nur, weil er so hart und skrupellos war. Das waren viele, und noch mehr wären es gern gewesen, wenn sie Gelegenheit dazu gehabt hätten.

Nein, die Frage ist doch eher: Warum funktionierte das »System Fischer« zuerst in der Bockenheimer WG, im Spontiplenum, dann in ganz Frankfurt, in Hessen, im Bund und schließlich sogar weltweit? Fischers Buch ›Mein langer Lauf zu mir selbst‹ wird seit mehr als einem Jahr auch in Südkorea sehr gut verkauft. Was haben die Südkoreaner bloß mit dem Mann zu schaffen? Und warum hört ein Auditorium an der Universität von Tel Aviv ihm so gebannt zu, als erwarte es von diesem Deutschen die Lösung des Nahost-Konflikts? Warum wirkt jemand, der sich so wenige Überzeugungen über die Jahrzehnte bewahrt hat, so überzeugend? Man muß schon sehr schlecht über die Bürger denken, bei denen er so beliebt ist, wenn man so schlecht über ihn denkt. Es kann ja nicht nur Verblendung sein, zumal in Sachen Fischer viele Aufklärer unterwegs sind.

Auch über die Natur der Macht erfährt man durch Fischers Karriere viel, wenn man nicht gleich voraussetzt, daß Macht korrumpiert und der, der besonders viel davon hat, eben besonders korrumpiert sein muß. Fischer hat sich als Proband der Revolution in die bürgerliche Politik hineingewühlt, so lange, bis er an dem Ort angelangt war, an dem es keine Parteien und keine Parteilichkeit mehr gibt, sondern nur noch Interessen und Grundsätze: im Auswärtigen Amt. Ist das Verrat, oder ist das Verdienst?

So steht also Einschätzung gegen Einschätzung; genauer: So stand es, bis wegen der Veröffentlichung einiger Fotos, die einen schwarzbehelmten Politrocker zeigen, Fischers Vergangenheit unversehens ins Zentrum der öffentlichen Aufmerksamkeit rückte. Sein Frontenwechsel wurde von da an verstärkt von Konservativen kritisiert, die ihm freilich nicht – wie die Linken – vorwarfen, daß er seine alten Ideale zu schnell aufgegeben, sondern daß er zu lange an ihnen festgehalten habe. Für Fischer selbst waren diese Monate »der Kampagne«, als die er sie sieht, eine einschneidende Erfahrung. Urplötzlich verlor er die Kontrolle über sein Image; mit einem Mal war er nicht mehr Herr seiner eigenen Geschichte. Wie er diese Zeit erlebt und verarbeitet hat, das gehört gewiß zu den wichtigeren Mosaiksteinen eines unabhängigen und neugierigen Fischer-Bildes.

Der Kontrollverlust über seine Vergangenheit und der Kontrollgewinn als Diplomat – beides hat Fischer verändert. Er ist heute wieder ein anderer und mitten in der nächsten Wandlung. Erneut wird er einen Preis dafür bezahlen, auch privat, soweit dieses Wort bei einem besessenen Vollblutpolitiker wie ihm überhaupt angebracht ist. Er ist und bleibt eben »der Unvollendete«, ein Selbstzufriedener, der sich doch nie ganz genügt.

Fischers ungeheure Wandlungsfähigkeit läßt sich schon an den Fotos ablesen, die über die Jahre hinweg von ihm gemacht worden sind. Die interessantesten von ihnen – einige sind bisher unveröffentlicht – haben wir in dieses Buch aufgenommen. Sie helfen, gängige Klischees aufzubrechen; sie sagen etwas über Joschka Fischer und zugleich etwas über die Geschichte der Republik. Vielleicht können echte Fotos in diesem Fall ein wenig dazu beitragen, falsche Bilder zu überwinden. Natürlich tragen die Aufnahmen auch der Tatsache Rechnung, daß Joschka Fischer so etwas wie ein Popstar geworden ist, einer, der auf die Frage, was ihn an seinem Außenministerleben bei aller Disziplin und Askese so reizt, fröhlich lächelnd antwortet: »Es ist Rock 'n' Roll.«

Als wir begannen, dieses Buch zu schreiben, dachten wir zunächst, wir würden dabei kaum Neues über Fischer erfahren. Dutzende grüne Parteitage, unzählige Sitzungen und immer wieder neue grüne Dramen hatten wir miterlebt. Immerhin, so glaubten wir, würde uns deshalb das Schreiben leichtfallen. Beides stellte sich als Irrtum heraus. Je genauer man hinsieht, desto mehr neue Fragen stellen sich. Und was noch wichtiger ist: In den letzten drei Jahren hat sich so viel ereignet, hat sich auch der Minister Fischer noch einmal so verändert, wie es vorher niemand geahnt hatte. Diese Ereignisse konnten wir aus großer Nähe miterleben. Wir begleiteten Fischer etwa auf seiner Nahost-Reise zu Pfingsten 2001, die – wie es der Zufall wollte – eine dramatische Wendung nahm. Selten haben Journalisten die Gelegenheit, Außenpolitik unter Hochdruck derart unmittelbar verfolgen zu können. Den Atem verschlug es uns zuweilen auch in den Tagen nach dem 11. September, bei der Reise in den historischen Ausnahmezustand, nach Washington und New York.

Seit fast zwanzig Jahren beobachten wir Joschka Fischer. Wobei beobachten das falsche Wort ist, es klingt nach Vogelperspektive. Doch die kann man gegenüber einem Grenzverletzer wie ihm kaum einnehmen. Ohne jede Hemmung kommentiert er uns, wenn wir ihn kommentieren. Er fordert heraus, Stellung zu beziehen, er provoziert und beschimpft. Darum war das Verhältnis zu ihm selten ohne Spannung. Das eine oder andere Jahr ist ins Land gegangen, ohne daß wir ein

Wort mit ihm gesprochen haben. Beide Seiten gingen auf Sicherheitsabstand, so lange, bis die Idealtemperatur zwischen dem Politiker und den Journalisten wiederhergestellt war: Kühle.

Das vorliegende Buch ist aus der Sicht einer Generation geschrieben, die die Achtundsechziger und eben Joschka Fischer kennt, ohne sich mit ihnen und mit ihm zu identifizieren. Fischer ist für sie kein alter Kumpel, aber auch nicht von vornherein Außenminister der Bundesrepublik Deutschland. Und selbst da, wo sich die Wege kreuzten, blieb er ein gut bekannter Fremder. Seine Geschichte soll uns nicht dazu dienen, irgend etwas zu attackieren oder gutzuheißen, wir möchten etwas erzählen und – verstehen.

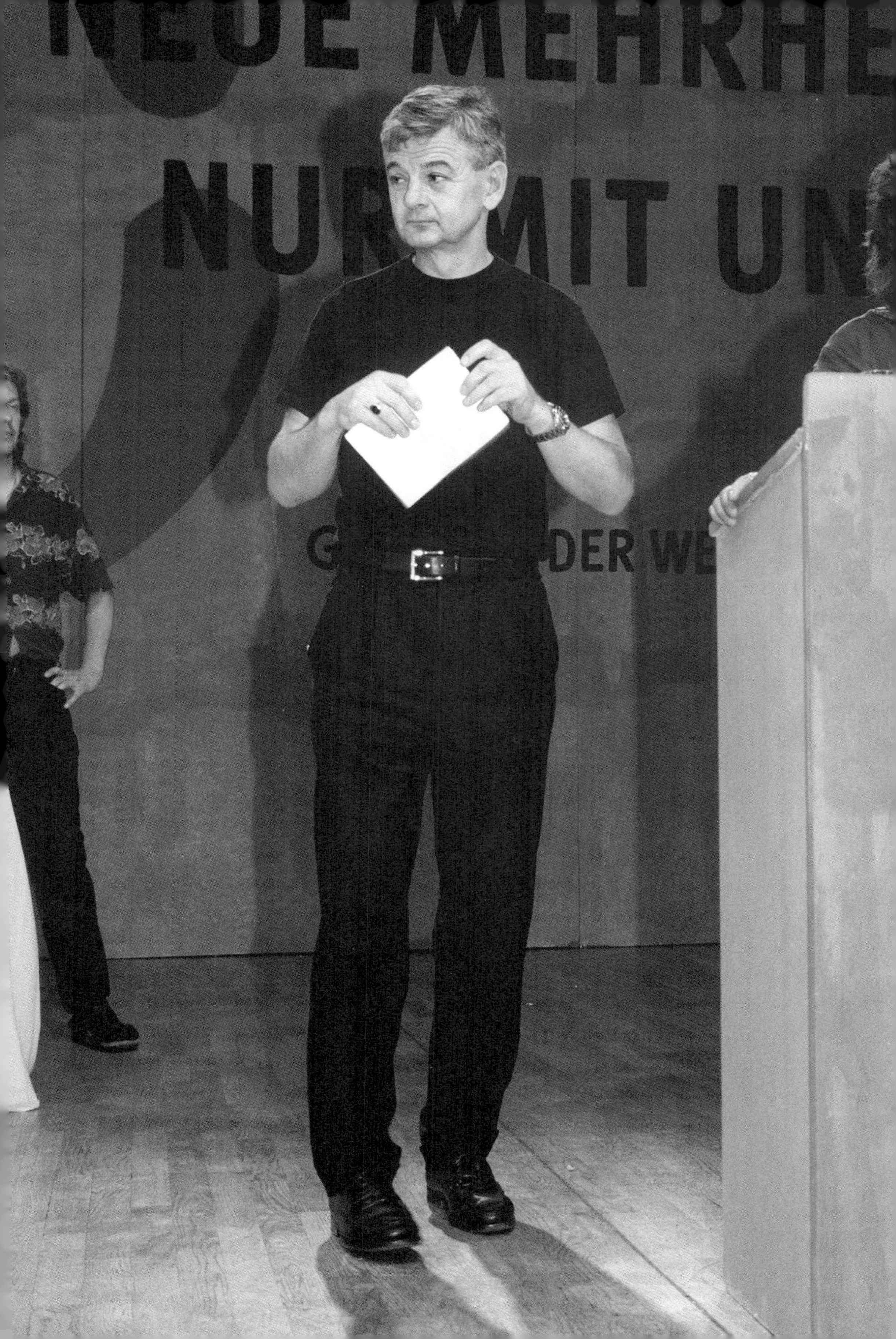

1

Aus der Welt, in die Welt:
Kindheit und Jugend

»Der Joschka ist ein zutiefst pessimistischer Mensch.« Das sagt einer, der schon lange mit ihm befreundet ist, einer der wenigen echten Freunde sogar. Es stimmt, Fischer läßt sich nicht selten tief ins Dunkle fallen, so tief, daß andere ihm nicht mehr folgen mögen. So tief, daß sensiblere – Fischer würde sagen: schwächere – Naturen davon dauerhaft depressiv würden, zumindest für lange Zeit handlungsunfähig. Fischer dagegen braucht dieses Absinken auf den Grund geradezu, um sich von dort um so kräftiger wieder nach oben abstoßen zu können, zu neuem Leben, zu neuer Tat. Er hat die Neigung zur Depression, bezieht aus ihr aber auch Kraft. Darum läßt er Schicksalsschläge nah an sich ran, denkt alles durch bis zum bittersten Ende, weil er weiß, daß er das aushält, weil er meint: Die Welt ist hart, ich bin härter. Eine solche Fähigkeit, Katastrophen zu ertragen und zu überstehen, entwickelt man wohl kaum erst im Erwachsenenalter.

Jeder Mensch hat schon eine Geschichte, wenn er auf die Welt kommt: die seiner Herkunft. Die Eltern von Joschka Fischer kamen aus Ungarn. Der Vater, Joszef, entstammte einer wohlhabenden und angesehenen Metzgerfamilie, die in der Nähe von Budapest lebte. Als deutschstämmiger Ungar wurde er nach dem Krieg vor die Alternative gestellt, sich zu Ungarn zu bekennen oder auszuwandern. Wenn der heutige Außenminister Fischer sagt, das Potsdamer Abkommen habe ihn zu einem Deutschen gemacht, dann ist das zwar etwas überpointiert, aber doch zutreffend: Zu den vielen Fragen, über die sich die Alliierten im August 1945 verständigten, gehörte auch die Ausweisung von Deutschen aus Polen, der Tschechoslowakei und Ungarn. Die Familie entschied sich auszuwandern. Man hatte schon die sowjetische Besatzung erlebt und befürchtete jetzt Enteignung und Diskriminierung.

Georg Fischer, der
gutsituierte Metzger
und Großvater
Joschka Fischers.

Die Fischers gehörten damit zu den Millionen Flüchtlingen im Nach-
kriegsdeutschland. Und hier, im württembergischen Gerabronn, kam
am 12. April 1948 Joszef zur Welt, dessen Name nun anders geschrieben wurde als der seines Vaters, eben deutsch: Joseph. Nur gerufen
wurden beide gleich: Joschka.
Joschka war das dritte Kind, das Nesthäkchen und der einzige Sohn.
Keine schlechte Ausgangsposition also für einen, der in seinem späteren Leben im Mittelpunkt stehen sollte und wollte. Mutter Elisabeth,
eine lebensfrohe, energische Frau, hat ihren kleinen Joschka innig ge-
liebt; sie war die dominierende, für sein Empfinden irgendwann zu dominierende Figur in der Familie. Die Konturen des Vaters dagegen
sind in der Erinnerung von Joschka Fischer verblaßt. Er war einfach
der Mann, der zur Arbeit ging, der nicht mit zum Gottesdienst mußte,
der in der Küche saß und rauchte. Eine »Randexistenz« innerhalb der
Familie, wie Joschka Fischer es später nannte.

Die Fischers kurz
nach Joschkas
Geburt. Rechts
Georgina, geboren
1939, links Irma
Maria Franziska,
geboren 1943.

In Ungarn hatte der Vater eine eigene Metzgerei gehabt, und auch in Deutschland war er zunächst selbständig, mußte im Dorf allerdings auch die schlimmste und psychisch belastende Arbeit machen: Er war der Kopfschlächter. Sein Geschäft lag im hohenlohischen Langenburg oberhalb der Jagst. Hier, inmitten einer deutschen Bilderbuchlandschaft, verlebte der kleine Joschka einige idyllische Jahre. Doch dann begann für den Vater ein dramatischer beruflicher Abstieg: Hilfsarbeiter, Angestellter im Schlachthof, Fleischer bei Horten. Es muß seinen Stolz verletzt haben, aus der Familientradition herausgefallen zu sein. Wenn man Bilder von Fischers Großvater sieht, springt der k.u.k.-Habitus ins Auge, eine gewisse zur Schau gestellte Vornehmheit – und man begreift, wie schmerzhaft der Abstieg für den Vater gewesen sein muß, obwohl das, soweit sich Joschka Fischer erinnern kann, in der Familie nie Thema gewesen ist.

Im Hause Fischer herrschte jedenfalls stets Geldmangel. Oft wurde darüber gesprochen, ob die Mutter auch arbeiten gehen sollte. Sie entschied sich dagegen, wegen der Kinder. Die Familie mußte mit der materiellen Not irgendwie zurechtkommen, und ihr gelang das, wie Joschka Fischer rückblickend erzählt, nicht schlecht: »Wir waren richtig arm, aber die Gefühle stimmten. Man kabbelt sich halt zusammen. Meine Kindheit war glücklich.«

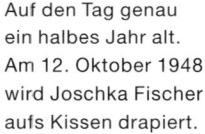

Auf den Tag genau ein halbes Jahr alt. Am 12. Oktober 1948 wird Joschka Fischer aufs Kissen drapiert.

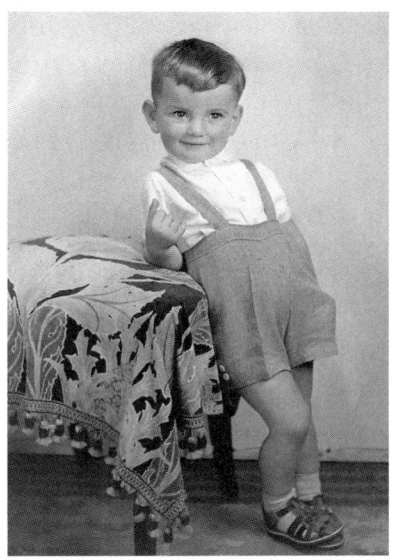
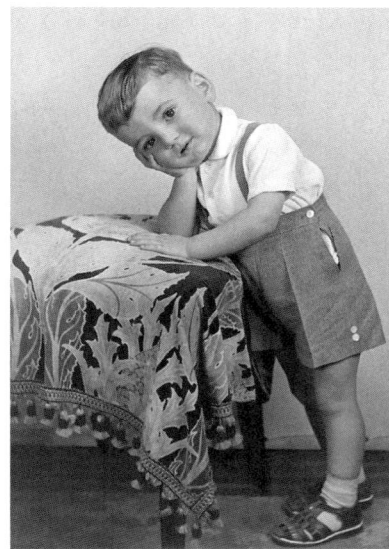

Frühe Posen – mal
gelangweilt aufge-
stützt, mal das
Becken leicht vor-
geschoben. Der fast
Zweijährige, vom
Fotografen plaziert.

Joschka (vorne) mit
Seifenblasen.
Die idyllischen An-
teile seiner Kindheit
hielten sich in
Grenzen.

Dennoch war es unterm Strich eine Kindheit im Gegenwind. Vertreibung, beruflicher Abstieg und dann zunächst noch katholisch in einer protestantischen Umgebung – bei den Fischers wußte man, daß das Leben nicht in vorgezeichneten Bahnen verläuft, selten ohne Hindernisse. Gewiß, der kleine Joschka wuchs unter dem Schutz einer starken Frau und seiner beiden älteren Schwestern Georgina und Irma Maria Franziska auf, in einer ländlichen, kinderfreundlichen Umgebung. Das machte ihn selbstbewußt, noch bevor er sich seiner selbst wirklich bewußt war. Doch zugleich hatte er schon früh zu kämpfen. Womöglich hat er das zu der Zeit gar nicht recht empfunden, weil er es nicht anders kannte. Wer den Erzählungen über die Familie Fischer lange genug zuhört, der spürt jedenfalls irgendwann eine starke Energie durch, wie sie viele Flüchtlinge entwickelt haben. Sie nahmen das, was sie hatten, nicht als selbstverständlich hin, sie wollten immerzu weiter, ankommen im Westen.

Ein Junge wird eingepaßt: vom adretten Kissen für den Halbjährigen über die eingeübten Posen des Zweijährigen, den ordentlichen Anzug des Erstkläßlers bis zum Kommunionsfoto vor dem Volkswagen im Jahre 1958.

Glaube, Liebe, Hosenträger

Zu einem echten Problem wurde für den Heranwachsenden das Gefühl der Beengtheit – nicht zuletzt durch den beflissenen Katholizismus seiner Mutter. Ihre Religiosität prägte Joschka Fischer fürs Leben, wenngleich auf eine recht zwiespältige Weise. Er empfand die heimische Frömmigkeit und die aufgezwungenen sonntäglichen Kirchgänge als Zumutung. Und dann mußte er auch noch Meßdiener werden! Mittlerweile, im Jahre 1955, war die Familie nach Oeffingen in der Nähe von Stuttgart umgezogen, ein weniger reizvolles, katholisch geprägtes Dorf. Bis heute kann Fischer sich darüber aufregen, wie verächtlich dort auf ungewollt schwanger gewordene, unverheiratete Frauen gezeigt wurde. Später sollte zu diesen Lehrstücken in Sachen katholischer Bigotterie die marxistische Analyse hinzukommen: Religion als ein vom Menschen erfundenes Konstrukt. Beides zusammen, die abstoßenden Aspekte der Kirche und die »wissenschaftliche Widerlegung« des Christentums, hat ihn von seinem Glauben entfernt, seinen Katholizismus gewissermaßen entkernt. Darum sieht sich Fischer heute nur mehr als »katholischen Atheisten« oder als einen Katholiken ohne Gott. In der Kirche geblieben ist er trotzdem, der Rituale wegen, wie er behauptet. »Ich bin nicht selbst eingetreten, also trete ich auch nicht selbst aus. Warum sollte ich austreten? Meine Mutter und die Mutter Kirche haben das aus mir gemacht, was ich bin.«

Mit heiterem Lächeln erzählt Fischer von der Messe in Rom, als Karl Lehmann, dem Vorsitzenden der Deutschen Bischofskonferenz, der Kardinalshut aufgesetzt wurde. »Ich war mit dem Kollegen Schily auf dem Petersplatz. Wir waren in der Messe, und als es dann zur heiligen Eucharistie kam und die Glöckchen klingelten, da war mir klar, jetzt geht es auf die Knie. Nicht weil ich an die Transsubstantiation glaube. Aber es ist der heiligste Moment, dann habe ich mich natürlich hingekniet. Schily blieb stehen. Das ist der Unterschied.« Er berichtet davon wie von einem kleinen Sieg, und es ist wohl tatsächlich einer – der von Elisabeth Fischer.

Das alles klingt amüsant und lenkt leicht von den tieferen Spuren ab, die seine gläubige Jugend bei ihm hinterlassen hat. Äußerlich hält Fischer sich von der Religion fern. »Über Glaubensfragen rede ich nicht.« Seine ersten Begegnungen als prominent gewordener Politiker

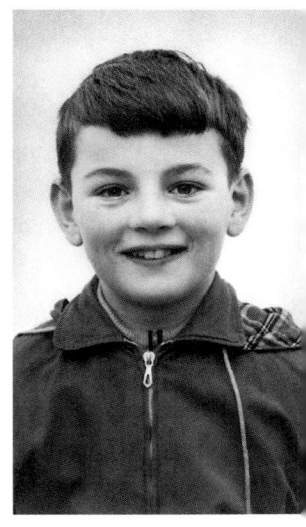

Noch scheint Joschka Fischer die Grenzen seiner Welt nicht zu spüren. Er ist jetzt knapp zehn Jahre alt.

Ähnlichkeiten mit einem bekannten deutschen Politiker sind kaum zu übersehen: Der Zwölfjährige Joschka Fischer übt vor dem Garagentor in Oeffingen das Mannsein.

mit katholischen Würdenträgern fielen betont kühl aus, und bei seinen Vereidigungen als Minister verzichtete er auf den Zusatz: »So wahr mir Gott helfe.« Er glaubt nicht – und glaubt doch: Seine Skepsis gegenüber der Gentechnik ähnelt in ihren Begründungen und Reflexen durchaus der Position der Kirche. In seinen Reden greift er häufig und gern auf Biblisches und Liturgisches zurück. Und in extremen Situationen, wenn ihm wieder einmal Geschichte im Übermaß widerfährt – wie beim Selbstmordattentat in Tel Aviv zu Pfingsten 2001 oder bei seinem Besuch in New York nach den Anschlägen vom 11. September –, fragt er sich oft mit einer Mischung aus Stolz und Verwunderung: Warum passiert das ausgerechnet mir? Eine Frage, auf die es nur eine vernünftige Antwort gibt: Geh' beten!

Erste Ausstiege – unpolitische Tramptour

In seiner Jugend dagegen wurde der Glaube immer mehr zu einem
Teil dessen, was Joschka Fischer als »die Enge« beschreibt: kein eigenes Zimmer, die regelmäßigen Abläufe im Familienalltag, die Sauber-
keit, die guten Kleider für sonntags. Man könnte sagen: das Übliche in
seiner Generation. Fischers Ausstieg aus der Normalbiographie begann: Die Schule empfand er als Anstalt; bis zur Obertertia hat er
durchgehalten. Im März 1965 verließ der damals Sechzehnjährige das
Gottlieb-Daimler-Gymnasium mit zwei Fünfen auf dem Zeugnis und
ohne einen Abschluß. Die Lehrer, sagt er, hätten ihn, den vielseitig
Talentierten, nicht richtig gefördert. Schließlich sei er interessiert gewesen, und gelesen habe er ohnehin mit Leidenschaft, nur eben: das,
was er wollte. Es gebe einfach zu wenige gute Pädagogen, klagt bis
heute der Außenminister, während er in seinem Dienstzimmer auf
dem Ledersofa sitzt, umgeben von den Insignien seiner Macht. Immer
noch empört, ruft er: »Was hätte aus mir werden können, wenn ich
andere Lehrer gehabt hätte?« Ja was? Vielleicht Staatsanwalt, Inten-

Allein unter Bürger-
kindern. Fischer
(ganz links) mit
Schulkameraden
vom Gottlieb-Daim-
ler-Gymnasium in
Bad Cannstatt im
Jahr 1963. Allmäh-
lich wird ihm das
Leben in der schuli-
schen Anstalt zu eng.
Zwei Jahre später
verläßt er das Gym-
nasium.

dant oder Oberarzt? Gar Außenminister? In diesem »hätte« steckt die Müdigkeitsvision eines Erfolgreichen: Hätte ich nicht mit weniger Widrigkeiten dahin kommen können, wo ich jetzt bin? Vermutlich, er weiß es wohl selbst, konnte er nur *wegen* der Widrigkeiten dorthin kommen, wo er jetzt ist.

Doch außer der Unfähigkeit der Lehrer gab es noch andere Gründe für seinen Ausstieg. In dieser Zeit, also vor den Bildungsreformen der siebziger Jahre, kultivierte ein klassisches Vorstadtgymnasium noch bürgerliches Klassenbewußtsein, Hochnäsigkeit inklusive. Und Fischer gehörte zu den sechs Arbeiterkindern, die am unteren Ende der Hierarchie standen. Auf Schulfotos, auf denen man ihn mit seinem Kassengestell neben Mitschülern sieht, macht er stets einen mürrischen Eindruck. Tatsächlich war er hier ein Außenseiter, der sich immer wieder seine Freiräume nahm. »Schon als Kind pochte ich auf meine Rückzüge.« Auch die Sportart, die er sich aussuchte, paßte zu diesem Einzelkämpfertum: Er fuhr Radrennen.

Fischer hatte zwar Bekannte, aber nicht das, was man gewöhnlich einen besten Freund nennt; er gehörte irgendwie dazu, ohne so recht integriert zu sein. »Ich muß für die, was soll man da drumrumreden, schon ein absonderlicher Kauz gewesen sein«, vermutet er heute und schickt eine rhetorische Frage hinterher: »Ja, was glauben Sie, wie Rudi Dutschke auf die Leute in Luckenwalde gewirkt hat?« Fischer flüchtete sich in die Bücher und in die Musik: Bob Dylan, Woody Guthrie – sein amerikanischer Traum.

Der Abgang von der Schule war die erste wichtige Abweichung vom vorgezeichneten Weg. Fischer wurde Lehrling bei Foto Utz im benachbarten Fellbach. Die Arbeit erwies sich als weniger kreativ, als er sich das vorgestellt hatte; sie kreiste mehr um die Familienfeste in den umliegenden Dörfern als um Fotokunst. Einmal machte er eine Aufnahme von Altbundeskanzler Adenauer auf dessen Wahlkampftour. Immerhin konnte Fischer auf eigene Faust fotografieren, er bekam die Filme billiger und durfte sie im Labor von Meister Utz entwickeln. Ein Konflikt mit diesem setzte der Fotografenkarriere des jungen Fischer dann allerdings ein schnelles Ende. Natürlich ging es um Bevormundung. Als der Chef den Lehrling eines Morgens fragte, warum dieser am Abend zuvor so lange ausgewesen sei, dachte Fischer nur: Was geht das dich an? Ein Wort gab das andere, das letzte in diesem kurzen Arbeitsverhältnis aber hatte Fischer. Es war dasselbe, für das er viel

Hochzeiten, Begräbnisse, Geburtstage – Joschka Fischer lernt bei Foto Utz den Umgang mit der Kamera.

Fast schon auf Augenhöhe. Konrad Adenauer, aufgenommen vom Fotografenlehrling Joschka Fischer. Der Altbundeskanzler machte auf seiner Wahlkampftour 1965 Station in Fellbach. Fischer wurde von seinem Meister hingeschickt.

später im Bundestag eine Rüge erhielt, als er es gegen den Bundestagspräsidenten Richard Stücklen wandte. Damals in Fellbach fehlte indes noch der Zusatz »mit Verlaub«.

Fischers Lehre war damit zu Ende – die Wanderjahre begannen. Und diesmal brach er buchstäblich aus, wenigstens für ein paar Wochen. 1966 türmte der mittlerweile fast Achtzehnjährige auf eigene Faust nach London, in die Stadt, in der er, anders als daheim oder im allzu nahen Stuttgart, die große Freiheit vermutete. Selbst wenn er auf Bahnhöfen übernachten mußte, war er froh, der Provinzialität entkommen zu sein: »Im Hyde Park sah ich Leute auf dem Rasen sitzen. Wenn man das in Stuttgart machte, dann kam der Parkwächter. So etwas und der Platzwart mit seinem Hund wurden für mich zum Symbol für die spießige Enge in Deutschland. Und dann noch die Lehrer, die am Tag vor den Zeugnissen vom Krieg erzählten ...« Auf dem Rückweg über Hamburg, im April 1966, wurde der Minderjährige von Polizisten aufgegriffen. Die Mutter mußte ihren Jungen aus einem ge-

Sieger ohne Lächeln. 1964 gewann Joschka Fischer (ganz links) mit seinen Kameraden die württembergische Meisterschaft der A-Jugend im Mannschaftsfahren über 50 Kilometer. Ein Mannschaftssport für Einzelkämpfer.

schlossenen Heim in der Hansestadt abholen. Wie so oft hat sie ihrem Sohn Vorwürfe gemacht. Heute versteht er es: »Ich habe ihr auch viel zugemutet.« Damals überwog ein anderes Gefühl: Das ist *mein* Leben!

Selbstverständlich hielt Joschka Fischer es nicht lang zu Hause aus. Im Sommer ging er auf große Tramptour, zunächst durch halb Europa, ohne Geld und ohne Krankenversicherung, weswegen er die oft rasenden Zahnschmerzen, die er hatte, einfach ertragen mußte. Trotz allem wollte er sich bis nach Indien durchschlagen. Für die Familie war er wochenlang unerreichbar. Erst in Kuwait erfuhr er, daß seine Schwester Irma Maria im Sterben lag. Sie litt an einer Nierenschrumpfung. Fischer brach seine Reise ab und kehrte nach Oeffingen zurück. Es gibt Zeiten, so schreibt Robert Musil, in denen einem leichter ein Unglück widerfährt. Für Joschka Fischer war jetzt so eine Zeit. Die Schwester rang mit dem Tod, als er am 7. November 1966 ins Krankenhaus gerufen wurde. Doch ging es nicht nur um sie, sondern auch um seinen Vater: Joszef Fischer hatte bei der Arbeit einen Schlaganfall erlitten. Als der Sohn ins Krankenhaus kommt, um seinen Vater zu besuchen, ist der schon tot. Joschka Fischer bekam nur noch dessen Arbeitskleidung in die Hand gedrückt, die nach Metzgerei roch. Mit sechsundfünfzig Jahren bei der Arbeit gestorben – der tragische Schlußpunkt eines wenig erfolgreichen Lebens. Damit war auch die Familientradition beendet. Der ungarische Metzger-Clan, die eigene Metzgerei in Deutschland, die Arbeit im Schlachthof – und nun lagen ein paar klebrige Kleider in den Händen des Sohnes. Da blieb – mit oder ohne Rebellion – wirklich nichts mehr weiterzuführen. Der Sohn konnte nicht in die Fußstapfen seines Vaters treten, er mußte anders leben, er mußte raus, raus, raus.

Nur fünf Tage nach dem Vater, am 12. November, starb die Schwester. Die Familie, die für Elisabeth Fischer alles gewesen war, existierte nicht mehr. Die älteste Tochter war ausgezogen, der Sohn wollte weg, der Mann und die jüngere Tochter waren tot. Über die Ereignisse im November des Jahres 1966 ist Elisabeth Fischer nie ganz hinweggekommen.

Dieser Doppelschlag traf auch Joschka Fischer schwer. Dennoch hat er ihn nach eigener Darstellung vergleichsweise gut verkraftet. Das Schicksal ereilte einen jungen Mann, der sich innerlich schon von seiner Familie entfernt hatte, den die beginnende Studentenrevolte bereits anwehte. Aus der Depression erwuchs der Aufbruch, auf die Zeit der Trauer folgte bald die der endgültigen Befreiung. Joschka Fischer stieß sich ab und zog in die nächstgrößere Stadt, nach Stuttgart. Politisch führte der Ausgang aus dem normalen Leben damals wie selbstverständlich nach links. Das ganze rechte Spektrum war diskreditiert, links noch nicht zu Ende probiert.

Das Thema, das sein ganzes politisches Leben durchdringen sollte, erreichte schon den Schüler Fischer. Die erste Begegnung mit der deutschen Vergangenheit, an die er sich überhaupt erinnern kann, geschah bei einem Spaziergang mit seiner Mutter durch das noble Bad Cannstatt. Als dem Grundschüler die prächtigen Gründerzeit-Villen auffielen, sagte Elisabeth Fischer, die hätten früher den Juden gehört und mit denen sei im Krieg Schreckliches geschehen. Ohnehin war der Krieg in den fünfziger Jahren noch sehr präsent. Fischer erinnert sich an die obligatorischen Fotografien in den bürgerlichen Wohnzimmern, mit bläßlichen Jünglingen in Uniform, Aufnahmen von Söhnen, Ehemännern, Brüdern, mit oder ohne Trauerflor. Auch die Baulücken und Blindgänger waren zu der Zeit noch überall zu sehen, die braunen Zwischentöne schlagender Lehrer noch keine Ausnahme. Die ganze Monstrosität des Verbrechens an den Juden begann ihm allerdings erst bewußt zu werden, als er im Fernsehen der Nachbarn eine Sendung über den Eichmann-Prozeß 1961 sah. Und in der Schule wurde ein Film des Dokumentaristen Erwin Leiser mit dem Titel »Mein Kampf« gezeigt. Diese Bilder hätten ihn »völlig fertiggemacht« und sich für immer in sein Bewußtsein gesenkt. Von da an wurde Auschwitz zum Zentrum seiner Politisierung.

Neue Einstiege –
Revolution mit Rasenbetreten

In Stuttgart begegnete er bald den ersten Linksintellektuellen von Rang und einer kulturellen Szene, die dem jungen Mann aus Oeffingen wie das richtige Leben vorkam. Die Freaks, die aus Indien oder Afghanistan zurückkehrten, brachten interessante Drogen mit, so exotisch, daß der deutsche Zoll gar nicht wußte, was es mit diesen schwarzen oder braunen, lakritzartigen Riegeln auf sich haben könnte. Es war leicht damals, fremde Gefühle zu importieren. In den Jazzkneipen spielte der später bekannt gewordene Pianist Wolfgang Dauner, im Conditional German Guest House verkehrten amerikanische GIs, zumindest die gebildeteren unter ihnen. Überhaupt: Amerika. Für Fischer klang das nach »Like a Rolling Stone«, nach Freiheit und Befreiung vom Faschismus. »Die Amerikaner waren für mich doch immer die Guten. Auch in der Suezkrise galt das noch.«

Und dann kam der Vietnamkrieg. Vom Sommer 1964 an verstrickten sich die USA aufgrund ideologischer Motive und militärischer Fehleinschätzungen immer tiefer in einen häßlichen Krieg. Die Greueltaten in den Dschungeln Indochinas veränderten das Amerika-Bild vieler deutscher Jugendlicher schlagartig; kulturell blieb man den Vereinigten Staaten gewogen, politisch aber wurden sie zum Feind. Aus dieser enttäuschten Liebe zu Amerika bezog die Achtundsechziger-Revolte einen erheblichen Teil ihrer Sprengkraft. Fischer selbst hatte Glück, daß er nicht zum Wehrdienst eingezogen wurde: Seine Augen waren einfach zu schlecht; verweigert hat er nicht.

Dunkle Kneipen, glänzende Musik. Der später berühmt gewordene Jazz-Pianist Wolfgang Dauner, fotografiert von Joschka Fischer in seiner Stuttgarter Zeit.

Im linken Club Voltaire in der Leonhardstraße 8 lernte Fischer dann die scheinbar richtigen Theorien zum offenkundig falschen Krieg der Amerikaner kennen. Hier traf er auf Fritz Lamm, einen charismatischen, undogmatischen Sozialisten. Und auf Willi Hoss, einen unkonventionellen Gewerkschafter, der später, Ende der achtziger Jahre, dem Fraktionsvorstand der Grünen in Bonn angehören und noch später, im Januar 2002, wegen Joschka Fischers Anti-Terror-Politik aus der Partei austreten sollte. Von der neuen Farbe im politischen Spektrum hatte man am Vorabend von '68 allerdings nicht die geringste Ahnung. Damals war man in dem Milieu, in das Fischer nun einzutauchen begann, so rot wie eben möglich, allenfalls schwarz wie die Existentialisten. Für den jungen Provinzler war das politisch die Phase des Staunens und Einübens, zum Beispiel in den Gebrauch eines Megaphons; denn mitreden wollte er von Anfang an.

Im Umfeld des Club Voltaire lernte der Lehrling der Rebellion auch seine erste Frau, Edeltraud Fischer, kennen. Beide brachen zunächst zu einer Tramptour durch Europa auf. Um dabei leidlich über die Runden zu kommen, versuchten sie sich als Pflastermaler. Fischer hatte zu Hause ein Marienbildchen eingepackt, und er malte die heilige Jungfrau möglichst genau und ergreifend ab. Mit einem solchen religiösen Beistand verlebten die beiden einige Wochen in Südfrankreich. Wieder daheim in Stuttgart, standen die jungen Liebenden dann vor einem typischen Problem dieser Zeit. Sie waren noch nicht volljährig – das wurde man damals erst mit einundzwanzig –, und wegen des sogenannten Kuppelparagraphen machte sich jeder Vermieter, der sie unter einem Dach übernachten ließ, im Prinzip strafbar.

Diesen Umstand führt Joschka Fischer noch heute an, wenn er erklären will, warum er so früh geheiratet hat. Es könnte aber auch seine kleinbürgerliche und romantische Art gewesen sein, die das Paar nach Gretna Green führte, in das schottische Heiratsparadies für (zu) junge Leute aus ganz Europa. Bis heute bekennt sich der abgeklärte Realo in Liebesdingen zum ganz starken Gefühl: »Ich bin ein heilloser Romantiker. Ich finde, wenn man eine Frau wirklich liebt, dann muß das was Besonderes sein. Und das war es bei mir. Dann muß man Verbindlichkeiten eingehen, nicht vor der Welt, sondern vor sich selbst, in guten und in schlechten Zeiten. Wer richtig liebt, muß sein Herz in die Hand nehmen und es dem anderen geben. Es muß bedingungslos sein.« Das politische und romantische Feuer wird Fischers Anzie-

Bürgerliche Rebellion. Der neunzehnjährige Joschka Fischer heiratet im April 1967 Edeltraud Fischer in Gretna

hungskraft auf Frauen in diesen Jahren ausgemacht haben. Sein Äußeres allein kann es jedenfalls nicht gewesen sein. Denn ein wenig entstellend war seine neun Dioptrien starke Brille schon; außerdem verfielen seine Zähne allmählich. Was seiner Wirkung auf Frauen jedoch keinen Abbruch tat, wie sich einige von ihnen gern erinnern. So oder so: Im April 1967, zwei Monate vor Ausbruch der Studentenrevolte, kam Joschka Fischer zum ersten Mal unter die Haube.

31

Wenig später geriet er, auch das eine Premiere, in Konflikt mit der Staatsgewalt. Gemeinsam mit einer Handvoll Gleichgesinnter hatte er sich am 21. Oktober 1967 in den Schloßhof gesetzt, um bei einer Demo gegen den Vietnamkrieg zu protestieren, was man damals als Provokation empfand. Sie wurden, so sagt Fischer, körperlich drangsaliert und abgeführt. In der ›Stuttgarter Zeitung‹ las sich das in original obrigkeitsstaatlichem Deutsch so: »Von einem Demonstranten über Megaphon angeheizt, durchbrachen acht Rädelsführer, darunter zwei Damen, die Polizeikette. Bei ihrer Festnahme leisteten sie erheblichen Widerstand. Einer von ihnen, der Anführer mit dem Megaphon, schlug mit diesem Gerät auf einen Schichtführer des Polizeireviers ein. Der Beamte mußte ebenfalls handgreiflich werden.« Fischer, mit oder ohne Megaphon, wurde jedenfalls festgenommen und zu sechs Wochen Haft auf Bewährung verurteilt. Aufgrund einer Amnestie mußte er aber nur sechs Tage Ordnungsstrafe in Stuttgart-Stammheim absitzen. Die wiederum hatte er sich eingehandelt, weil er sich vor Gericht – den Konventionen der Rebellion entsprechend – danebenbenahm.

Hier begann offenbar sein inneres Wettrüsten mit der Polizei, das später in den militanten Aktionismus seiner Frankfurter Jahre münden sollte. Mit den ersten eigenen Demo-Erlebnissen und dem Tod von Benno Ohnesorg, der am 2. Juni 1967 in Berlin von einer Polizeikugel getroffen wurde, fügten sich für Fischer endgültig die innere und die äußere Revolte zusammen, der Kampf gegen die Enge von Oeffingen wurde zum Kampf gegen den beengenden Staat, gegen den Platzwart aller Platzwarte.

Für den intellektuellen Überbau sorgte Fischer natürlich ebenfalls. Schon in Stuttgart besuchte er als Gasthörer seine ersten Vorlesungen an der Universität – die lebenslange Aufholjagd des Schulabbrechers hatte begonnen. Obwohl er im Laufe der Jahre sicher mehr gelesen hat als manch einer von jenen, die sich ungestraft Intellektuelle nennen dürfen, blieb ihm – so selbstbewußt er auch bei Diskussionen auftrat – immer ein Rest von Minderwertigkeitsgefühlen. Bis auf den heutigen Tag befindet er sich auf einem geistigen Marathonlauf. Seit Mitte der Achtziger schreibt er zudem Jahr für Jahr ein Buch, von denen keines sprachlich an seine witzigen und pointierten Reden und Aufsätze heranreicht. Beheben können die vielen, oft gut verkauften Bücher sein

Anerkennungsdefizit kaum, das Rennen geht weiter. Diese intellektuelle Unruhe hat ihm ungemein geholfen, neugierig zu bleiben.

Allerdings hat Fischer seinen Nietzsche, Marx, Adorno oder Habermas auf die ihm eigene, zugreifende Art gelesen. In der Gefahr, sich in der Theorie des kommunikativen Handelns zu verlieren oder an der negativen Dialektik zu verzweifeln, war er gewiß selten. Fischers Bildung ist – außer auf historischem Gebiet – oft eklektisch, dafür aber nie anämisch.

Der Aussteiger und Rebell kann oder will sich, das wird schon in dieser Stuttgarter Zeit deutlich, von den (klein)bürgerlichen Normen seiner Jugend nie ganz lösen: Er heiratet, er bleibt in der katholischen Kirche, er promoviert und promoviert und promoviert. So lief in Fischers sich revolutionierendem Leben, im Sound der Revolte, immer eine kaum hörbare bürgerliche Tonspur mit.

Fischer und seiner Frau war spätestens nach dem 2. Juni klar, daß sie Teil des Aufbruchs sein wollten. Nur, Rebell sein und in Stuttgart wohnen, darin liegt ein gewisser Widerspruch. Also gingen die beiden dahin, wo die Köpfe der Revolte lehrten – nach Frankfurt.

2

Irrtümer, die sich auszahlen:
Die Frankfurter Zeit

Man kann die Geschichte von Joschka Fischer nicht erzählen, ohne von Helmut Schmidt zu sprechen. Der sozialdemokratische Kanzler hat die Grünen sozusagen ex negativo gegründet. Nicht nur weil Schmidt das Thema Ökologie während seiner Kanzlerschaft von 1974 bis 1982 vernachlässigt hat, sondern vor allem weil er seinen Hochmut gegenüber der Achtundsechziger-Generation so offen zur Schau trug. In so einer, in Schmidts Partei wollten viele einfach nicht sein. Schmidts Überlegenheitsgefühl – und vielleicht auch ein Teil seiner tatsächlichen Überlegenheit – beruhte im wesentlichen darauf, daß er mehr Geschichte erlebt hatte. Gegen die Achtundsechziger und ihre Epigonen gewendet, argumentierte er folgendermaßen: Ich habe am Zweiten Weltkrieg teilgenommen. Er mag falsch und fürchterlich gewesen sein, aber es war immerhin *etwas*. Ihr hingegen habt gar nichts erlebt, euch fehlt die nötige Härte, es mangelt euch an einem Minimum an sittlicher Reife, kurzum: Ihr taugt nichts. Nach einer solchen Lebensphilosophie bringen offenbar nur die schlimmsten Zeiten die besten Charaktere hervor. Schmidts Gestus war also eine kühne Umkehrung des durchschlagenden Achtundsechziger-Vorwurfs an die ältere Generation, daß sie Nationalsozialismus und Krieg mitgemacht habe. Durch die Provokationen des herrischen Kanzlers ließ Oskar Lafontaine sich irgendwann zu der Äußerung hinreißen, man könne mit Schmidts »Sekundärtugenden« auch ein KZ befehligen. Diese Entgleisung zeigt, wie sehr die Arroganz des Weltkriegsoffiziers die Achtundsechziger verletzte.

Auch Joschka Fischer schmerzte dieses »Ihr taugt nichts« – bis zum 11. September 2001. Nur wenige Tage nach den Anschlägen sann Fischer darüber nach, daß ausgerechnet die Generation von angeblichen Taugenichtsen plötzlich vor eine härtere Bewährungsprobe gestellt wurde als die Generation Helmut Schmidts in den Jahrzehnten zuvor. Erst in diesem Moment fühlte sich Fischer vollends von dem Vorwurf befreit, den er nach außen zwar nie akzeptiert, im Innersten aber doch ernst genommen hat.

Wie ernst er den historisch-biographischen Hochmut eines Helmut Schmidt nahm, zeigt schon, daß er Jüngeren gegenüber ganz ähnlich auftrat wie Schmidt ihm und seinesgleichen gegenüber. Da leuchteten Fischers Augen, wenn er von seinen Straßenkämpfen berichtete, die Brauen zogen sich hoch vor Begeisterung, und er endete mit einer wegwerfenden Handbewegung in Richtung der Unpolitischen oder gar gewaltfrei Friedensbewegten. Wie bei Schmidt speiste sich sein Überlegenheitsgefühl – und zum Teil auch seine tatsächliche Überlegenheit – aus der Kampferfahrung. Fischer wiederholte viele Jahre lang: 1968 und die militante Phase danach mögen zwar manchmal falsch und furchtbar gewesen sein, aber es war wenigstens *etwas*; ihr hingegen habt überhaupt nichts erlebt, ihr seid die blasse, die weiche, ach: Ihr seid eigentlich überhaupt keine Generation.

Was also hat es mit dem Mythos »Frankfurt in den siebziger Jahren« auf sich, was hat er zwischen zwanzig und dreißig dort erfahren?

Aus der Provinz nach Frankfurt – ein Außenseiter kämpft sich nach vorn

Ostern 1968 zog Joschka Fischer nach Frankfurt. Am Karfreitag noch hatte er in Esslingen an einer Anti-Springer-Blockade teilgenommen, um die Auslieferung der baden-württembergischen Ausgabe der ›Bild‹-Zeitung zu verhindern. Springers ›Bild‹, das war der Inbegriff der Stimmungsmache gegen die rebellierenden Studenten. Das Attentat auf Rudi Dutschke, der am Gründonnerstag in Berlin auf offener Straße angeschossen und schwer verletzt worden war, sahen viele als direkte Konsequenz der seit Monaten laufenden publizistischen Kampagne. Am Ostermontag demonstrierte Fischer, der Neuankömmling, bereits in Frankfurt, wieder gegen Springer. Es war, er spürte es schnell am eigenen Leib, ein anderes Pflaster als die schwäbische Provinz. Die besser gerüstete Polizei ging rücksichtslos gegen die Blockierer vor, und die studentischen Demonstrationsführer, erinnert sich Fischer, waren überforderte »Idioten«. Die Protestierenden wurden eingekesselt, blieben einfach auf der Straße sitzen und wehrten sich kaum gegen die anstürmenden, zum Teil berittenen Polizisten. »Dann kamen uns die ersten mit klaffenden Platzwunden entgegen, und meine Frau flippte völlig aus.« Am Ende wurden beide zusammengeknüppelt. Fast wirkt die Frankfurter Begrüßungsszene wie ein Vorgeschmack der kommenden Jahre, in denen sich Fischer zum Propagandisten und Organisator der »Massenmilitanz« in der Mainmetropole entwickelte. Doch als er in Frankfurt ankam, war er ein einfacher, in der schwäbischen Enge politisierter Nachwuchs-Achtundsechziger mit großem Mundwerk, ersten Protesterfahrungen und Hunger auf Neues. »Ein kleiner Fußsoldat« der Revolte eben, erinnert sich der Außenminister: »Führungsfiguren, das waren andere.«

1968 werden Joschka Fischer und seine Frau bei der Osterdemonstration in Frankfurt verprügelt. Edeltraud Fischer verliert vor Angst die Fassung.

Negative Dialektik. Theodor W. Adorno wenige Monate vor seinem Tod, zusammen mit Max Horkheimer. In Frankfurt konnte Joschka Fischer die beiden bedeutenden linken Intellektuellen noch persönlich erleben.

Fischer hatte sich nicht ohne Grund für Frankfurt entschieden. Während Berlin als Zentrum des Protests und Laboratorium einer sich ausbreitenden Subkultur galt, war Frankfurt die Hochburg linker Theorie, der »think tank« der Rebellion. An der Frankfurter Goethe-Universität – sie hieß nun, von den Studenten umgetauft, Karl-Marx-Universität – lehrten Theodor W. Adorno, der junge Habermas und Oskar Negt. Der Adorno-Schüler Hans-Jürgen Krahl war neben Rudi Dutschke der einflußreichste Theoretiker des studentischen Protests. Auch der zwanzigjährige Fischer ließ sich von Krahls charismatischer Rednergabe beeindrucken, wiewohl ihm der genialische Alkoholiker schon damals etwas »scharlatanesk« erschien. Oskar Negt las über Lenins ›Staat und Revolution‹, im berühmten Hörsaal VI, in dem ein paar Jahre später Ulrike Meinhofs Tonbandstimme aus dem Untergrund die linke Szene Frankfurts zum bewaffneten Kampf aufrufen sollte. Hier hörte Fischer mit zweitausend anderen auch Adorno, dessen Vorlesungen die Kultveranstaltungen der studentischen Szene waren. Fischer fand es zu voll und nicht gar so interessant. Von den Frankfurter Theoretikern schätzte er besonders Jürgen Habermas – später wird er ihn manchmal mit einer Mischung aus Bescheidenheit und Stolz »meinen Lehrer Habermas« nennen. Am häufigsten ging Fischer in die Seminare, dorthin, wo diskutiert, nicht bloß verlesen wurde. Besonders oft zu Wort gemeldet hat sich der ungelernte Intellektuelle anfangs jedoch nicht. Zu groß war in der neuen, noch unbekannten Sphäre die Gefahr des Absturzes und der öffentlichen Bloßstellung.

Was in Frankfurt zu der Zeit gedacht und gelehrt wurde, gehört zum Anspruchsvollsten, wohl auch Verstiegensten, auf jeden Fall zum Hermetischsten, was die theoretisierende Linke im 20. Jahrhundert hervorgebracht hat. Es war die Mischung aus rebellischem Leben und dessen theoretischer Reflexion auf höchstem Niveau, die den Zwanzigjährigen anzog. Und es war das Unwahrscheinliche daran, was ihn reizte: daß es ihm, dem Schulversager, dem Aussteiger mit der Perspektive eines Trebegängers, gelingen könnte, sich in den spintisierenden Höhen des universitären Protestmilieus zu behaupten. Bisher hatte es für seinen Ehrgeiz kein wirkliches Ziel gegeben, keines, das ihm entsprochen hätte, das mit seinem Aussteigerimpuls in Einklang zu bringen gewesen wäre. In Frankfurt findet er ein solches Projekt. Es ist sein erstes, voll widersprüchlicher Spannung: Es bedeutet Aufbruch und Ankunft, Rebellion und Heimat, Theorie und Aktion.

Sich im Protestmilieu zurechtzufinden und durchzusetzen, eine Stimme zu bekommen, machte Fischers Ehrgeiz in den ersten Frankfurter Jahren aus. Das idyllische Langenburg war seine erste, noch ungebrochen naiv empfundene Heimat; nun eroberte er sich eine neue. Alles dazwischen war Suchen und Fremdsein. Erst jetzt, unter so vielen Aussteigern, begann sich der Aussteiger zu Hause zu fühlen. Daß ihm der Ein- und Aufstieg gelang, gehört zu den prägenden Erfahrungen des späteren Politikers. Fischers Erfolge haben bis heute etwas von Eroberungszügen in fremdem, schwierigem Terrain. Und Frankfurt war die Schlüsselerfahrung für das, was er in den Jahrzehnten darauf wiederholen sollte – bei den Grünen, in der hessischen Landesregierung und im Bundestag. Noch bei der Verwandlung des rüden Oppositionspolitikers in einen formsicheren Diplomaten nach 1998 zog Fischer Selbstsicherheit aus der gelungenen Metamorphose vom pro-

Folgende Seiten:
Noch weit unten auf der Karriereleiter. Der 21jährige mit einem Bauhelm anläßlich eines Streiks an der Frankfurter Uni in dem Jahr, das der Generation den Namen gab: 1968.

Macht und Über-
macht. Konfrontation
in Frankfurt 1969.

vinziellen Außenseiter zur dominanten Figur der Frankfurter Protestszene, die er fünfundzwanzig Jahre zuvor durchlaufen hatte.

Mit ungebremster Energie verschaffte sich der Neuankömmling die
theoretischen Kenntnisse – Hegel, Marx, Lenin etc. –, die man in dieser Zeit brauchte, um mitreden zu können. Über den Selbstbehauptungswillen, die Rücksichtslosigkeit, die rhetorische Begabung verfügte er bereits.

42

Daß er mit der Besessenheit eines Autodidakten Lücken schloß, daß ihm sein Selbstbewußtsein half, sich immer häufiger zu Wort zu melden und das Angelesene mit wachsender Sicherheit in den studentischen Debatten anzubringen, war aber nur eine Seite seines Frankfurter Etablierungserfolges. Wichtiger scheint noch, daß er sich dem neuen Milieu anpaßte, ohne sich ihm ganz anzuverwandeln: Bei seinem Parforceritt durch die linke Gedankenwelt und die radikale Protestszenerie behielt er den Gestus eines eher proletarisch als studentisch anmutenden Aktivisten. Fischer war weder ein vom Zeitgeist getriebener Jungtheoretiker noch ein linksaktionistischer Underdog. Er imponierte dadurch, daß er sich in beiden Sphären, im Seminar wie auf der Straße, gleichermaßen zurechtfand. Das half ihm, sich im Frankfurter Protest- und Debattendschungel seinen Platz zu erkämpfen.

Damals trat ein Charakterzug hervor, der ihm geblieben ist: Nach wie vor will Fischer geistig nicht einfach mithalten können, er will dominieren. Die Kenntnisse, die er sich mit Hilfe seines ungebrochenen Lernwillens verschafft, sind hierfür das geeignete Material. Den Rest erledigt er mit Respektlosigkeit und einem ganz selbstverständlichen Zugriff auf die unterschiedlichsten Wissensfelder. Fischers dozierende Art bezieht ihr Einschüchterungspotential nicht allein aus seinem Wissen. Es ist der Habitus des gebildeten Straßenkämpfers, der seinen guten und auch seinen weniger guten Argumenten etwas Zwingendes verleiht. Was schon die Gefährten und Geführten aus der Frankfurter Zeit als eigentümliche Verbindung aus physischer Präsenz und intellektuellem Dominanzgebaren empfunden haben, ist bis heute spürbar. Und selbst der Dreiteiler des Außenministers verdeckt das nicht: Wenn Fischer Andersdenkende von der Überlegenheit seines Standpunktes zu überzeugen sucht, schwingt bei seinem Gegenüber immer die Ahnung mit, daß da einer argumentiert, der auch über gröbere Mittel verfügt. Nicht, daß der Außenminister heute noch zuschlagen würde. Aber daß in einer prägenden Phase seines Lebens politisch-intellektuelle und gewaltsame Auseinandersetzungen ineinander verwoben und für ihn Argumente wie Schläge Mittel der Selbstbehauptung waren, macht die Aura aus, die den Überwältigungspolitiker Fischer bis heute umgibt.

In diesem Punkt ähnelt er weniger seiner eigenen als der Kriegsgeneration, die Gewalt als etwas Alltägliches, zu den menschlichen Auseinandersetzungen Dazugehöriges erfahren hat. Das verbindet Helmut Kohl mit Otto Schily oder Franz Josef Strauß. Erst später, in den Siebzigern, und dann eher in gebildeteren Kreisen wurde Gewalt zum Tabu. Fischer hat diese Norm natürlich begriffen, irgendwann auch akzeptiert. Und dennoch hat er den Instinkt, in gewissen Situationen zuzuschlagen, nie verloren. Wenn es je einen Moment gab, in dem er sich mit Helmut Kohl identifizieren konnte, so war es der, als der Kanzler aller Deutschen auf einen Eierwerfer losging. Davon ließ sich Fischer begeistern, als er die Szene im Fernsehen sah: »Der Dicke greift an!«

Leute, »die aus Angst, sich zu engagieren, still sind«, mag Fischer lieber als solche, »die ein großes Maul haben und, wenn es ernst wird, sich sofort zurückziehen. Das nervt mich schon immer.« Man ahnt die Präferenz: Leute mit großem Maul und Stehvermögen. Aber wie viele von dieser Sorte sind ihm bisher begegnet? Mit seinem sicheren Blick für die Schwächen anderer erkannte Fischer in Frankfurt schnell das Selbstbezogene, Unkonkrete, Blutleere, das vielen scheinrevolutionären Debatten im studentischen Milieu jener Zeit anhaftete. Er selbst ist anders: konkreter, aktionsbezogener, farbiger und ätzender. Er beherrscht die Sprach- und Verhaltensmuster des jeweiligen Terrains, auf dem er sich gerade bewegt – ob Spontiplenum, Bolzplatz, Bundestagsdebatte oder diplomatische Verhandlungsrunde. Aber seine Durchschlagskraft als Redner rührt daher, daß er die Ebenen wechseln kann, respektlos und ohne Vorwarnung die vorgegebenen Codes verletzt. Es ist nicht allein die Fähigkeit, seine Gegner kühl zu sezieren, die sich auf eigentümliche Weise mit einer bildhaft-konkreten Sprache verbindet. Was Fischers Rhetorik für seine Gegner so unangenehm macht, ist die manchmal schelmische, manchmal offene Brutalität, mit der er sie bloßstellt und der Lächerlichkeit preisgibt. Das hat er sich in seinen Frankfurter Jahren antrainiert. Eben noch eine historisch angereicherte Analyse und schon bissige Häme gegenüber denjenigen, die das Feld nicht angemessen durchdrungen haben. Eben noch Oberseminar und schon beißender Spott. Und ein Redner, dem gerade der überraschende Szenenwechsel Spaß macht. Der Politologe Wolfgang Kraushaar, der Fischer noch aus Frankfurter Tagen kennt, hat einmal von dessen »rhetorischem Killerinstinkt« gesprochen. Dieser Instinkt begründet Fischers Aufstieg – in der Hierarchie der Revolte und danach.

Einer war schon ganz oben: Daniel Cohn-Bendit, der Pariser Studentenführer, der sich nach seinem Einreiseverbot in Frankreich ebenfalls in der Mainmetropole niedergelassen hatte. Er war der Star des Pariser Mai 1968 und wird zum Star der siebziger Jahre in Frankfurt. Cohn-Bendit trägt das internationale Flair des Aufbruchs, die große Welt der Revolution, bis nach Bockenheim. Er hat Zugang zu den Medien und eine Klappe, vor der selbst einer wie Fischer Respekt haben muß. Und er strahlt den Optimismus aus, den die studentische Linke in der Phase des Niedergangs und der Zersplitterung nach '68 so dringend braucht. In Nanterre und Paris hatte Cohn-Bendit schon einmal gezeigt, daß alles möglich war: Binnen weniger Wochen wurde aus einer

Eine Ikone wird weggetragen. Deutsche Polizisten mit Daniel Cohn-Bendit am 24. September 1968.

eher beiläufigen Pöbelei des kleinen Rothaarigen gegen den Jugend-
minister François Missoffe eine Revolte, die ganz Frankreich erschütterte – mit Dany »Le Rouge«, dem Fast-noch-Teeny, an der Spitze.

Es gab damals auch in Frankfurt viele, die sich nicht länger einschüchtern lassen wollten von den herrschenden Hierarchien, den
Normen und Verboten. Aber keiner verkörperte den Widerspruch
gegen die Verhältnisse und den Willen zum Neuen so unmittelbar wie
Cohn-Bendit. Und keiner trug wie er die beständige Hoffnung in sich,
daß aus den Bockenheimer Bubenstücken durch glückliche Fügung
etwas ganz Großes werden könne. Die Revolution beispielsweise. So
wie einst im Pariser Mai. Nur er verbreitete diese Atmosphäre des
Unbedingten. Wenn Dany lachte, hieß das: »Seid realistisch, fordert
das Unmögliche!« Er wirkte ansteckend. Natürlich auch auf Fischer.
Da prallten zwei Welten aufeinander: Cohn-Bendit – der Sohn aus
bürgerlichem Hause, gebildet, weltgewandt, revolutionserfahren, mit
Mitte Zwanzig schon ein Mythos. Und Fischer – aus kleinen Verhältnissen, ein unbeschriebenes Blatt, aus der Provinz, laut zwar und mu-
tig, aber noch ohne jede Vita in Sachen politischer Aufbruch, wenn
man von der Renitenz am Gymnasium einmal absieht: ein rebellischer
Aussteiger mit ungebremstem Drang nach oben. Anfang der Siebziger
dürfte die Prognose für Fischers Zukunft nicht gerade günstig ausge-
fallen sein. Was aus ihm werden könnte? Einer, der sich durchjobbt,
der auf der Droschke hängenbleibt, bis der Traum von der großen
Revolte endgültig dahingedämmert ist? Im besten Falle Antiquar in
einer linken Buchhandlung? Einer von der belesenen Sorte, der trotzdem mal zulangen kann, wenn's nötig ist? Was also wäre aus Joschka
geworden ohne Dany, den frühen Mentor, der ihm die Welt nach
Frankfurt spiegelte, der die Revolte im Blut hatte und dem man doch
anmerkte, daß er niemals abstürzen würde?

Jedenfalls fanden sich die beiden. Cohn-Bendit erkannte Fischers Qua-
litäten, seine agitatorische Begabung, den unbändigen Willen, die
Durchsetzungskraft und das rüde Auftreten, das aus einer anderen
gesellschaftlichen Sphäre stammte. Er wurde zum Vorbild und ersten
»besten Freund« des Einzelgängers Fischer. Die beiden paßten gut zusammen, weil sie so unterschiedlich waren, zwei Welten, die sich er-
gänzten: Cohn-Bendit, ein lauter Optimist, dem es ein wenig an Ernst
für das Leben mangelt, der selbst die Macht manchmal für ein bloßes
Spielzeug hält und sie deswegen nie wirklich erobert, der lieber redet

als liest; Fischer dagegen ein Pessimist, dem der Machtinstinkt ange-
boren scheint und der von einer solchen Unbeschwertheit faszinert
war. Ohne einen Freund wie Cohn-Bendit wäre es ihm weit schwerer
gefallen, im Getümmel des Aufbruchs erkennbar zu werden. An seiner
Seite war es fast schon erreicht.

1973 zogen die beiden zusammen in eine Wohngemeinschaft. Männer
unter sich. Die vom aufkommenden Feminismus inspirierten Frauen
hatten keine Lust mehr, mit ihnen zusammenzuwohnen. Die Männer-
WG – man darf sie sich wohl in etwa so ausmalen, wie das Vorurteil es
nahelegt. Geputzt zumindest wurde »eher selten«, das Leben verlief
entspannt, meist ungeregelt, manchmal versponnen und kreativ. Dabei war die Männergemeinschaft nicht bloß Exil für die von den Frau-
en vertriebenen Machos. Sie bedeutete – in Zeiten des voranschreiten-
den Feminismus – etwas Erwünschtes: unter sich zu sein. Auch das
regelmäßige Fußballspielen der »Spontimänner« hatte diesen Doppel-
aspekt. Man war am Ball und – unter sich.

Nach einer harten
politischen Woche:
Fußball. Zwölf Spon-
timänner und ein
Kind. In der Mitte
Joschka Fischer.

47

Eines aber war anders als in den vielen WGs jener Zeit. Denn Cohn-Bendit brachte aus seiner zweiten Heimat nicht nur den Geist der Revolte, sondern auch eine Lebensart mit, die im kulturell unterentwickelten Deutschland der späten sechziger und frühen siebziger Jahre noch immer exklusiv, fast exotisch wirkte. Davon schwärmt Fischer: »Was das Lebensgefühl betraf, lebte Dany in einem französischen Cocon. Die Art, wie er aß, das, was er trank, das war damals wirklich ein anderer Geschmack. Einmal zu Weihnachten kommt sein Bruder zu Besuch. Und was bringt man mit, als Franzose, im Winter, von der See?« Da stand also plötzlich ein riesiger Korb mit Austern auf dem Tisch der linksradikalen WG. »Das war furchtbar für uns. Wer aß Austern? Das war doch Bonzenfraß!« Aber mit ein bißchen Zitrone und einem Glas kaltem Weißwein ... Fischer wurde bekennender Austernfan.

Ein paar Jahre mußte sich Fischer noch durchbeißen, dann war er in der Frankfurter Szene die Nummer zwei. Die zweite Geige wird er in seinem Leben öfter spielen: zuerst hinter dem Jungpromi Cohn-Bendit, dann 1983 hinter Fraktionschef Otto Schily, seit 1998 schließlich hinter Bundeskanzler Gerhard Schröder. Zusammen verkörperten Fischer und Cohn-Bendit den vitalen Linksaktionismus der Frankfurter Szene – mit verteilten Rollen. Der Gute und der Böse. Cohn-Bendit: der Feuerkopf, witzig, sprühend, impulsiv; Fischer: der Machtmensch, mit theoretischem Totalitätsanspruch und ausgeprägtem Hang zur Militanz. Ein Jahrzehnt lang waren sie unschlagbar im revolutionären Dorfzeltlager am Main. Natürlich mußten die beiden auch Mißerfolge hinnehmen: Die Revolution, beispielsweise, fand dann doch nicht statt, und, anders als einst im Pariser Mai: nicht einmal ansatzweise.

Ein Arbeiterkind fällt unter die Proletarier – Fischer als Kader der Revolution

Ostern 1968, als Fischer nach Frankfurt übergesiedelt war, hatte die studentische Protestbewegung in Deutschland ihren Höhepunkt schon erreicht. Danach ließen sich politische Fehlschläge und die Ziellosigkeit des Protests immer schwerer verdrängen. Ohnehin gehört es zu den Risiken revolutionärer, antireformistisch gesinnter Be-

Vorbild, Freund, Inspirator. Für Fischer war Daniel Cohn-Bendit die prägende Figur seiner Frankfurter Jahre.

wegungen, daß sich ihr Erfolgskriterium aus der Radikalität des Anspruchs ergibt. Wer, wie der junge Fischer, unterhalb der Revolution nichts gelten lassen wollte, hatte im Falle ihres Ausbleibens wenig Tröstendes parat. Und da auch 1968 – wie schon einige Male zuvor – die Revolution von der Linken nur herbeihalluziniert worden war, ließ sich die Frage, was denn wohl falsch gelaufen sei, nicht lange aufschieben. Die Antwort der theoriefesten Achtundsechziger lag auf der Hand: Die revoltierenden Studenten hatten im Rausch des Aufbruchs ganz offenkundig am eigentlichen Subjekt der Geschichte vorbeiagiert. Wollte man den revolutionären Anspruch wahren, mußte man anders vorgehen. So konkretisierte sich die studentische Liebe zur Revolution in der Folgezeit als Vernunft-Liebe zu deren treibendem Subjekt, der Arbeiterklasse. Und weil die Achtundsechziger-

Bewegung schon zuvor eine hochkonkurrente Veranstaltung gewesen war, gab es bald auch viele konkurrierende Wege, sich in den Dienst des Proletariats zu stellen.

Es war die Geburtsstunde des »roten Jahrzehnts«, wie es der Ex-Genosse Gerd Koenen jüngst in seiner K-Gruppen-Geschichte benannt hat. Alle, die aus den Höhen der Radikalität nicht gleich zum Reformismus und in die SPD herabsteigen wollten, versuchten sich fortan als Geburtshelfer der revolutionären Klasse, selbst wenn die sich von Anfang an wenig entgegenkommend zeigte. Fischer und seine Genossen lebten in einem Land, das vom Umsturz nichts wissen wollte, und agitierten Arbeiter, die offenkundig ganz andere Sorgen hatten. Dennoch ließen sie sich nicht beirren, schließlich lagen sie historisch gesehen voll im Trend. Im Rückblick betrachtet man staunend und ratlos die damalige Szenerie, den Irrwitz aus ungetrübtem Geschichtsoptimismus und borniertem Sendungsbewußtsein. Fischers fundamentaloppositioneller Elan jedenfalls war Anfang der siebziger Jahre noch stark genug, um sich diesem Projekt zu verschreiben. Und man darf es vielleicht als eine durchaus passende Pointe verstehen, daß er sich bald der Gruppe anschloß, die die Revolution mit der kompromißlosesten und weitreichendsten aller Parolen voranzutreiben suchte: »Wir wollen alles!«

Von »unserem ganzen Irrsinn« spricht Fischer heute, wenn er auf die beginnenden siebziger Jahre zurückblickt, auf seine Zeit in der revolutionären Kaderorganisation, die das hessische Proletariat zum Aufstand treiben wollte. Er wurde Mitglied der »Betriebsprojektgruppe«, die sich aus dem zerfallenden Frankfurter SDS heraus entwickelte und nach einjähriger theoretischer Erkundung des »proletarischen Lebenszusammenhangs« den neuen Namen »Revolutionärer Kampf« wählte. Neben Fischer und Cohn-Bendit waren der ehemalige Frankfurter SDS-Chef Thomas Hartmann, der spätere Kabarettist Matthias Beltz, der heutige ›FAZ‹-Leitartikler Thomas Schmid, der Varieté-Chef Johnny Klinke sowie der langjährige Fischer-Freund und spätere Frankfurter Stadtkämmerer Tom Koenigs mit von der Partie, um »die kollektive Übernahme der gesellschaftlichen Führungsrolle durch das Proletariat« in Gang zu setzen. Der Autodidakt Fischer avancierte zum »Schulungsleiter« der Betriebsprojektgruppe. Die Begeisterung, sich zum Zwecke der Agitation in ein Mitglied der Arbeiterklasse zu verwandeln, schien sich bei ihm indes in Grenzen zu halten. Doch während sein Freund Cohn-Bendit schon zu prominent war für klandestin-revolutionäre Betriebsarbeit, rückte Fischer als »Innenkader« mit fingiertem Lebenslauf ins Opelwerk Rüsselsheim ein. Die Chemiewerke Hoechst, näher an Frankfurt, hatten gerade Einstellungsstopp und entgingen so dem revolutionären Ansturm. Was Renault im Pariser Mai 1968, Fiat 1969 in Turin bedeutet hatten, das sollte nun Opel für die Bundesrepublik werden. »Opel«, allein das klang nicht recht danach, als ob sie klappen könnte, die »Revolte gegen die kapitalistische Entfremdung im Betrieb und im gesamten proletarischen Lebenszusammenhang«.

»Irrsinnig schwer« hat sich Fischer damit getan, »ans Band, also auf die Galeere«, zu gehen. Dem Aussteiger, der bislang jede Form eines geregelten Berufslebens konsequent verweigert hatte, mußte die Einordnung in den stupiden Produktionsprozeß am Fließband geradezu absurd vorkommen. Vor drei Jahren noch hatte er im Krankenhaus gestanden, die Kleider seines bei der Arbeit gestorbenen Vaters in den Händen. Nun sollte er selbst in einer stinkenden Fabrikhalle Motoren zusammenbauen. Es sah fast danach aus, als würde sich erfüllen, was sie ihm im Schwäbischen immer prophezeit hatten, wenn wieder etwas schiefgelaufen war: eine Karriere als Hilfsarbeiter.

Fischer lernte auch am Band schnell, schnell genug, um sich beim Einschrauben der Kolben immer eine halbe oder dreiviertel Minute herauszuarbeiten. Während das Band unerbittlich an ihm vorbeilief, las er in der ›FAZ‹ reaktionäre Kommentare, immer auf den Moment achtend, wenn der nächste Kolben an der Reihe war. Und dann zur Belohnung wieder ein paar Zeilen aus dem Zentralorgan der Bourgeoisie. Es war eine »fürchterliche Plackerei«, noch dazu in Wechselschicht; für Fischer ist es »das Härteste, was ich an Arbeit erlebt habe«.

Andererseits war die Maloche nur die Camouflage für das große Ding, die Revolution. Es waren die gleichen Kolben, aber sie wurden mit höherem Bewußtsein reingeschraubt. Dafür vor Ort zu arbeiten, im Betrieb, kam einem in der Szene zugute, es steigerte den Nimbus ungemein. Trotzdem merkte Fischer schnell, daß es nichts werden würde mit der revolutionären Agitation, daß die Opel-Arbeiter wenig Neigung verspürten, die ihnen zugedachte historische Rolle auch nur zur Kenntnis zu nehmen. Die Automobilarbeiter waren an höheren Löhnen und angemesseneren Arbeitsbedingungen interessiert, an konkreten Verbesserungen, nicht an wilden Streiks als Vorform des gesellschaftlichen Umsturzes. Immerhin ergaben sich wenigstens ein paar Kontakte zu ausländischen Arbeitern, die in der Betriebshierarchie ganz unten angesiedelt waren. Im Jargon späterer Jahre hat Fischer das als »multikulturelle Betriebsarbeit« gewürdigt.

Aber dann ging alles ganz schnell: Im Herbst 1971 rief Fischer auf einer Betriebsversammlung zum Streik auf, und es kam zu kleineren Tumulten. Sechs Monate nach seinem Antritt als Berufsrevolutionär in Rüsselsheim bescherte ein gnädiges Schicksal dem Aufwiegler die fristlose Kündigung. Andere hatten weniger Glück. Matthias Beltz beispielsweise arbeitete mehr als sechs Jahre am Band in Rüsselsheim, wenn auch weniger aus revolutionärer Begeisterung denn aus beruflicher Perspektivlosigkeit. Später wird Fischer aus seinem proletarischen Intermezzo einen Nachweis höherer politischer Legitimation machen: »Ich war am Fließband bei Opel. Das war hart und lehrreich. Es ist schade, daß die Aktivisten bei den Grünen auf solche Erfahrungen verzichten.«

Von seinem Ausflug in die Rüsselsheimer Arbeitswelt brachte Fischer vor allem das beginnende Mißtrauen gegenüber fundamentalen Umsturzszenarien mit. Und zudem die erste Ahnung, daß es nicht erfolgversprechend sein kann, politische Strategien selbst dann noch durchzuhalten, wenn sie offenkundig ins Leere gehen. Weil aber der Feldversuch »revolutionäres Proletariat« so ganz und gar jenseits aller Wirklichkeit angesiedelt war, ließ auch der Prozeß der langsamen Annäherung an die Realität Fischer noch viel Raum für weitere Irrungen. »Wir wollen, daß dieser Laden nicht mehr läuft! Nur so kann unser Programm wirklich werden; eine Gesellschaft, die die unsere ist, ohne Unterdrückung, ohne die Scheißarbeit, ohne alles, was jetzt nur besteht, um uns auszubeuten.« So konnten es die Opel-Arbeiter im heißen Sommer 1971 in der »RK«-Betriebszeitung lesen, die der Innenkader Joschka Fischer manchmal verteilte.

Das wilde Pathos jener Tage ist schwer nachvollziehbar. Und dennoch drückt sich in solchen Sätzen aus, was die »Spontaneisten« und Fischers »Revolutionären Kampf« von den konkurrierenden K-Sek-

»Wir wollen, daß dieser Laden nicht mehr läuft.«
1. Mai-Demonstration 1971 vor dem Opel-Werk in Rüsselsheim. Fischer (im Vordergrund) fordert: »Gleicher Lohn für alle, aber fix!«

ten unterschied: eine unbändige, allumfassende Oppositionshaltung, die in drastischem Straßenslang nach Worten rang. Die K-Gruppen leiteten ihren Revolutionsanspruch gern aus der Tendenz des historischen Prozesses her und versuchten mit großer dogmatischer Strenge, den aktuellen Stand der Klassenkämpfe präzise zu fassen. Die Spontis hingegen nahmen es nicht so genau. Ihre theoretischen Hinterlassenschaften lesen sich eher wie Eruptionen eines Lebensgefühls, einer Wut auf alles, die »Scheißarbeit«, den »Scheißkonsum«, im Grunde »die ganze Scheiße«, die die gesellschaftliche Ordnung der Republik eben ausmacht. Da empfiehlt man den Rüsselsheimer Arbeitern doch lieber »kollektives Hitzefrei« als Einstieg in die Revolte.

Statt des bieder-bierernsten Revolutionspathos und der Strenge der Marxisten-Leninisten demonstrierten die Spontis schon früh einen Unernst, eine Freude am Aktionismus mit subkultureller Einfärbung. Während sich die Dogmatiker wie spießige Streber im Dienste der Revolution gebärdeten, bewahrten die Spontis in ihrer Provokationslust und ihrem Hang zur überraschenden Volte etwas vom antiautoritären Erbe der Achtundsechziger-Bewegung. Kurz: Es ist keineswegs ein Zufall, daß es Fischer damals zu ihnen verschlug. Die Spontimaxime »Politik in der ersten Person« dürfte ihm unmittelbar eingeleuchtet haben. Bei aller Bedeutung, die man den revolutionären Umtrieben beimaß, bei aller theoretischen Verbrämung, mit der sie ihre Aktionen versahen, stets wollten die Spontis auch selbst auf ihre Kosten kommen. Sie dienten der revolutionären Sache und achteten zugleich streng darauf, daß das auch umgekehrt galt. Man muß dem »Spontifex maximus« Daniel Cohn-Bendit nur beim Reden, Schreien, Gestikulieren, Lachen zusehen, wenn er eine Versammlung auf seine Seite ziehen will. Dann wird sinnfällig, daß die Sache, für die er sich gerade begeistert, kaum wichtiger sein kann als die Begeisterung selbst, die er aus ihr zieht. Das verband und verbindet ihn – bei allen Unterschieden – mit seinem Freund Joschka. Der schreit und lacht weit weniger, kann griesgrämig werden, unduldsam und autoritär. Doch während sich die borniierteren K-Grüppler damals gern als Agenten des Weltprozesses gerierten, ist Fischer in jeder seiner politischen Rollen immer auch Agent seiner selbst. Im Grunde war er das revolutionäre Subjekt und ist es bis heute geblieben.

Deshalb geht in die Irre, wer den einstigen Rebellen mit dem Außenminister vergleicht, um so das ganze Ausmaß seines angeblichen

Der große Mann und der große Junge der Revolte. Rudi Dutschke und Daniel Cohn-Bendit 1975.

Selbstverlustes kenntlich zu machen. Fischer kommt heute und Fischer kam schon immer, wenn auch auf extrem unterschiedliche Weise, auf seine Kosten. Einen Teil seiner Selbstfaszination zieht er gerade aus der Erfahrung, daß er sich die verschiedensten politischen Rollen erobern kann, und seine hohe politische Befriedigung hat sich von der jeweiligen Rolle längst abgelöst. Er hat eine unglaubliche Fähigkeit zur Metamorphose und kann sich von Rolle zu Rolle und situativ von einer Minute auf die andere verändern. Wenn Fischer zusammen mit anderen Politikern trauert, dann schaut er am traurigsten, wenn er neben Bischöfen steht, wird er zum Kardinal, vor dem Weißen Haus könnte er glatt als amerikanischer Senator durchgehen, und in Israel wachsen ihm, wenn er nicht achtgibt, Schläfenlocken. Das ist kein Selbstverlust, eher das Gegenteil: Auch in seinen vielfältigen Wandlungen bleibt Fischer mit sich identisch. Das macht seine ungeheure Präsenz und Durchsetzungskraft aus. Das macht es aber zugleich so schwierig, die durchlaufenen Überzeugungen aus seiner politischen Biographie zu destillieren.

Während sich die Mitglieder des kommunistischen Sektenwesens Mitte der siebziger Jahre dem Lebenswandel der Arbeiterklasse anzupassen suchten – kurze Haare, Ehe und früh ins Bett –, lebten die Spontis um Fischer ihre Bedürfnisse aus. Etwas von den nachrevolutionären Verhältnissen sollte eben schon im Diesseits erfahrbar werden. In Frankfurt stürzte sich Fischer – befreit von der schwäbischen Enge, erlöst von den ziellosen Tramptouren in die Fremde – ins alternative Dasein: Wohngemeinschaften, wechselnde Beziehungen, Bücherklau, alkoholreiche Nächte in den Treffs der Spontiszene und die ständige Diskussion über Politik und das richtige Leben. Frankfurt, das war für Fischer prägende Lebenswelt, zwischen den Endlosdebatten im Spontiplenum, den Feten und Vorstellungen in der Batschkapp und dem Geschäft mit dem Widerspruchsgeist in der Karl-Marx-Buchhandlung, wo er im Keller sein Antiquariat eingerichtet hatte.
In der Männer-WG der Bornheimer Landstraße lebte es sich angenehm. Cohn-Bendit erinnert sich gut und gern an das »lebhafte Sexualleben im Haus. Unmöglich, den Überblick zu behalten, wer, wann, wo mit wem geschlafen hat.« Und dann gründete Cohn-Bendit 1976 auch noch sein eigenes Blatt, den ›Pflasterstrand‹, benannt

Bart, Zigarette, Jeansjacke und Seemannspulli: Joschka Fischer als Prototyp des Siebziger-Jahre-Linken.

nach seiner Pariser Revolutionserfahrung, wo seinerzeit, wenn das Pflaster aufgerissen war und die Steine flogen, darunter schon der Strand zum Vorschein kam: Nach der Revolte das Paradies. Jetzt also an den Ufern des Mains. Cohn-Bendit, der in der Szene ohnehin schon gut hörbar war, hatte nun noch einen Multiplikator. Der ›Pflaster-strand‹ wurde zu einer Art öffentlichem Tagebuch, in dem man die Volten der Sponti-Elite nachlesen konnte.

Schöne Erinnerungen? Für Fischer ist es mehr als das. Mit kaum etwas konnte man ihn – in seinen Vor-Berliner Jahren – so reizen, wie wenn man Frankfurt zur Provinz erklärte. Stuttgart allemal – aber Frankfurt, das war für ihn die Multikulti-Metropole, Schnittstelle des

Noch Fragen?
Fischer in Unbesieg-
barkeitspose, 1973
bei einem Teach-in.

Widerspruchs von Bankenkapital und Systemopposition, von gedie-
gener Bürgerlichkeit und spontaneistischem Gegenmilieu, von Staatsmacht und radikalem Widerstand. Oder einfacher: Frankfurt war
Fischers erste Eroberung. Und kaum etwas hat ihm später, in den
Jahren seines wachsenden politischen Einflusses, mehr Genugtuung
bereitet als seine Auftritte vor der Frankfurter Gesellschaft. Der Ex-
Sponti, der ausgezogen war, um alsbald ein größeres Publikum das
Fürchten zu lehren, kehrt gern zurück und nimmt die Huldigungen
derer entgegen, die einst nur einen radikalen »Politrocker« in ihm

sahen. Sein Lächeln beim Empfang der Frankfurter Industrie- und Handelskammer ist echt.

Weil die Spontis um Cohn-Bendit und Fischer sich in Frankfurt eine eigene privatpolitische Gegenwelt einrichteten und ihre Realitätswahrnehmung nicht ausschließlich durch den Filter eines linken Dogmatismus hindurchzwängten, waren sie zugleich wacher, offener und anschlußfähiger als die anderen Sekten des K-Milieus. Was immer sich in der überschaubaren Welt am Main zu regen begann, wurde registriert und auf seinen Bezug zur linksradikalen Politik und Lebensform hin bewertet. Und bald begann sich etwas zu regen. Es war nicht der erträumte Ausbruch der Klassenkämpfe, aber es war immerhin etwas: Einige fingen an, Häuser zu besetzen. »Die Reaktion« hielt erwartungsgemäß dagegen. Eine Weile noch zögerten die Spontis. Doch mit ihrem untrüglichen Instinkt für Provokation und Konflikt erkannten sie bald, welch ideales Betätigungsfeld sich da entwickelte. Die Phase der »Massenmilitanz« brach über die Mainmetropole herein. Und Joschka Fischer bot sich die Chance, endgültig aus der Masse herauszutreten.

Frankfurter Häuserkampf – Fischer als Straßenkämpfer

Joschka Fischer ist kein Pfadfinder. Er bleibt gern auch mal zurück. Um sich hat er meist ein paar Vertraute, die für ihn das Terrain sondieren, die auskundschaften, welche Richtung der Zeitgeist nehmen wird. Fischer ist nicht Avantgarde, selbst wenn er das von sich behauptet. Die Liste seiner politischen Zögerlichkeiten, nennen wir sie Vorsicht, ist lang. Auch die Hausbesetzerbewegung hat sich erst einmal ohne ihn entwickelt, genauso wie die grün-alternative Bewegung, die schon dabei war, die Parlamente zu erobern, als sich Joschka Fischer noch immer auf dem Apo-Trip befand. Er hat das Image eines Draufgängers – aber das ist nur eine Seite, die er nach außen pflegt. Umsicht walten lassen, Optionen verfügbar halten, sich nicht in Kämpfen aufreiben, das sind für ihn wichtige, wenn auch gut verborgene Maximen, gerade in unübersichtlichen Zeiten. Wer dagegen vor

Aufbruch in die Militanz. Die »Schlacht um den Grüneburgweg« 1971. Vorne rechts Joschka Fischer.

ihm etwas entdeckt hat, etwas Neues wagt, Risiken eingeht, die Fischer selbst nicht einzugehen bereit ist, der hat nicht gut lachen. Die Voreiligen müssen mit Fischers Hohn und Spott, manchmal mit Schlimmerem rechnen. Und so galten in den Spontikreisen die Hausbesetzer anfangs noch als Leute, die sich im »Reproduktionsbereich« verzettelten, die Scharmützel um einen »Nebenwiderspruch« führten, wo sich der Gang der Geschichte doch in der Produktionssphäre entscheiden sollte.

Oder doch nicht? Die Erfahrungen, die man mit der Betriebsarbeit hatte sammeln dürfen, waren nicht gerade ermutigend. Daß sich die Hausbesetzer plötzlich auf dem ureigensten Feld der Spontis – dem eines widerständigen Aktionismus – zu tummeln begannen, sorgte bald für Irritation in Fischers Szene. Und wie es zum Charakter seiner politischen Wenden gehört, daß er erst zögert, dann aber, wenn er sich entschieden hat, nicht mehr zu bremsen ist, so war es schon seinerzeit: Abgang Joschka der Cunctator – Auftritt Joschka der Eroberer.

Daß Fischer sich für die großbürgerliche Villenarchitektur des Frankfurter Westends interessiert hätte, ist ebensowenig überliefert wie seine politische Sorge um bezahlbaren Wohnraum. Und so waren es auch nicht die ursprünglichen Impulse der Hausbesetzer, die ihn bewegten. Wie er später zu den Grünen stößt, weil ihn die parlamentarische Gestaltungs- und Machtperspektive zu reizen beginnt und nicht weil er sich um die Umwelt sorgt, so war es jetzt die Aussicht auf ein Projekt, das seiner Neigung zu direkten Konfrontationen entgegenkam. Wenn schon die Arbeiterklasse den Hintern nicht hochbekam – in der Hausbesetzerbewegung entwickelten sich gesellschaftlicher Unmut und die Chance zum offenen Konflikt mit der Staatsmacht. Zwar erschien das Ziel der neuen Bewegung – gemessen an den Perspektiven der Linksradikalen – eher marginal. Doch immerhin kündigte sich hier erstmals wieder seit 1968 eine breite Basis für oppositionelle Aktionen an. So wurde die »Massenmilitanz« im Umfeld der Frankfurter Hausbesetzungen zwischen 1972 und 1976 zu Fischers zentralem politischem Betätigungsfeld.

Im Herbst 1970 wurden in Frankfurt die ersten drei Häuser besetzt. Im Zuge der geplanten Erweiterung der City gerieten die Villen im Westend zu Spekulationsobjekten. Ganze Straßenzüge wurden aufgekauft, entmietet und dem Verfall preisgegeben – zwecks späteren Abrisses und lukrativer Neubebauung. Dagegen richtete sich die wachsende Wut der Bewohner. Es bildeten sich Bürgerinitiativen zur Rettung des Westends und zur Erhaltung bezahlbaren Wohnraums in Zentrumsnähe. Während die Frankfurter Stadtregierung die erste Welle der Besetzungen noch duldete, kam es im Herbst 1971 zu einer gewaltsamen Räumung. Mit der »Schlacht um den Grüneburgweg«, wie die mehrstündige Auseinandersetzung bald getauft wurde, begann eine neue Phase im Konflikt zwischen Staatsmacht und linker Szene. Die Besetzer lieferten sich, unterstützt von Sympathisanten, harte Schlägereien mit der Polizei. Zurück blieben viele Verletzte, darunter auch

Fischer als Straßenkämpfer 1973. Fast dreißig Jahre später brachte diese Szene den Außenminister an den Rand des Rücktritts.

Unbeteiligte. Die Stadtoberen waren schockiert und reagierten erst einmal mit einem Räumungsmoratorium.

Fischers »Revolutionärer Kampf« nutzte die Gunst der Stunde und besetzte wenige Tage später einen Häuserblock in Uni-Nähe. In der mangelnden Organisation des Widerstands sahen die Spontis die entscheidende Schwachstelle im Konflikt mit der »Reaktion«. Das sollte sich bald ändern, und Joschka Fischer spielte hierbei eine tragende Rolle. Immer schon hatte er in den Debatten der Protestszene auf Konkretisierung und Aktion gedrängt. Nun war es soweit. »Sind wir bereit, die Häuser zu verteidigen gegen Bullen und Justiz? Sind wir bereit, neue zu nehmen?« lauteten die rhetorischen Fragen im »RK«-Blatt ›AUTONOMIE‹. Und Fischer, in der Szene bald »Verteidigungsminister« genannt, bildete zusammen mit anderen Genossen die Sponti-Eingreiftruppe »Putz«: »Proletarische Union für Terror und Zerstörung«. Noch im Namen des Schlägertrupps steckt etwas vom Spontiulk jener Tage. Doch ulkig ging es bald nicht mehr zu. Bei Übungen im nahe gelegenen Taunus, bei denen man den Straßenkampf mit erbeuteten Polizei-Utensilien realitätsnah trainierte, gab es schon mal Verletzte.

Zuerst waren auch Frauen mit von der Partie. Aber wie beim samstäglichen Fußball waren die Spontimänner beim »Putz« bald unter sich. Manche haben später den Straßenkampf als Fortsetzung der legendären Bolztreffen mit anderen Mitteln interpretiert. Der Spontifußball ging ebenfalls auf die Knochen, es wurde gebrüllt und gefoult – von Fußballkunst war wenig zu sehen. Dafür wurde die Rangordnung der Szene immer wieder aufs neue rituell begründet – mit Cohn-Bendit, der auf dem Rasen »rhetorisch«, und Fischer, der physisch die Nummer eins spielte. Das Machogehabe der »Spontifürsten« jedenfalls ist legendär. Und später, Ende der siebziger Jahre, in seiner Rumhängphase, wird Fischer die machohaften Anteile seiner Begeisterung für den Straßenkampf schonungslos offenlegen.

Auf den Straßen der Mainmetropole ging es nun hart zur Sache. Und wie hart Fischer und seine Kombattanten zuzuschlagen bereit waren, zeigen die Fotos und Filmmitschnitte, die zu Beginn des Jahres 2001 die »Fischer-Debatte« auslösten. Doch wie ungläubig auch immer man in der deutschen Öffentlichkeit die Rückverwandlung des populären Außenministers in einen behelmten Schläger aufgenommen hat – Fischers eigentliches Problem lag weniger in seinem Hang zu gewaltsamen Auseinandersetzungen, seiner schon früh eingestandenen »Lust am Schlagen« mit ihren sadistischen Momenten. Das wirklich Gefährliche des von Fischer zwischen 1973 und 1976 beschrittenen Weges lag im Aufblähen des handgreiflich-oppositionellen Impulses zum Konzept der »Massenmilitanz«.

Die Sponti-Schutztruppe wurde eigens für den Straßenkampf ausgerüstet, und Fischer betätigte sich als umsichtiger Stratege wie als ideologisch-praktischer »Einsatzleiter«. Zeitweilig sah es so aus, als würden die Dinge in Frankfurt eskalieren. In einem Polizeibericht über die Auseinandersetzungen 1973 im Kettenhofweg heißt es: »Die Demonstranten zeigten ein bis dahin in Frankfurt nicht gekanntes Ausmaß an Aggressivität und Brutalität. Die Angriffe durch Steinwürfe und Würfe mit schweren Eisenteilen wurden teilweise so heftig geführt, daß die eingesetzten Beamten erst nach mehrmaliger Aufforderung vorgingen. Die Wurfgeschosse waren von solcher Schwere

und Größe, daß Lebensgefahr bestand. Außerdem waren die Besetzer mit Latten, schweren Knüppeln, durch Schlaufen am Handgelenk befestigt, Bleirohren, die teilweise auch geschleudert wurden, bewaffnet. Sie verschossen aus sog. ›Spatzenschleudern‹ Glaskugeln, die die Schutzschilde der Beamten durchschlugen.« Beim Sturm auf das spanische Generalkonsulat im Frankfurter Westend 1976 waren zweihundert Militante im Einsatz, die in geordneter Formation Steine und Brandsätze auf das Konsulat und die anrückenden Polizeikräfte warfen. Parallel zu dieser Aktion gab es anonyme Hinweise auf Aktionen in anderen Stadtteilen, die Verwirrung stifteten. Der Polizeifunk wurde gestört. Das Ganze vollzog sich blitzartig. Keiner der Militanten wurde aus der Aktion heraus gefaßt, keiner hinterher verhaftet.

Hatte die Rüsselsheimer Arbeiterklasse Anfang der siebziger Jahre den Umsturz noch ausgeschlagen, glaubten die militant gewordenen Spontis nun an ihre zweite Chance. »Hier, Genossen«, erklärte Fischer 1974, »stellt sich klar die Alternative zwischen einem Reformismus, der letztendlich die Praxis des Kapitals darstellt – in Frankfurt haben wir es konkret erlebt –, oder dem, was als Aktionen von Politrockern diffamiert wird, was in Wirklichkeit aber heißt: den Massenwiderstand gegen die reaktionäre Gewalt zu organisieren.« Und Daniel Cohn-Bendit stellte auf derselben Veranstaltung die Wahl »zwischen Barbarei und revolutionärer Veränderung« als einzig mögliche dar: »Dazwischen gibt es nichts.«

So entwickelte sich Mitte der Siebziger parallel zur RAF eine zweite Linie »revolutionärer Gewalt«, die sich zwar in der Wahl ihrer Mittel, kaum aber in der Zielsetzung vom Terrorismus der Stadtguerilla absetzte. Und während Fischer und Cohn-Bendit durch ihre Bindekraft und stetiges Werben in der linksradikalen Szene dafür sorgten, daß nur ganz wenige Genossen in den Terrorismus abglitten, verfolgten sie zugleich eine Strategie, mit der sie selbst dicht an den Abgrund gerieten. Was als Räuber-und-Gendarm-Spiel begonnen hatte, schlug in blutigen Ernst um. Daß die Situation in Frankfurt nach dem Brandanschlag auf einen Polizeibeamten 1976 nicht vollends eskalierte, daß die Gewaltspirale aus Massenmilitanz und staatlicher Gegenreaktion keine Todesopfer forderte, ist einer der vielen glücklichen Umstände, die dem »Verteidigungsminister« der militanten Spontis zwei Jahrzehnte später den Weg ins Außenministerium offenhielten.

Bei einer Demonstration gegen Fahrpreiserhöhungen im Jahr 1974 nehmen die Demonstranten, etwa in der Mitte Joschka Fischer, Reißaus vor der Polizei.

Zauberlehrlinge der Gewalt oder
Vom Nutzen der Repression

In seinen militanten Jahren brandmarkte Joschka Fischer die »gestapoartigen« Polizeimethoden in Frankfurt und polemisierte gegen »chilenische Verhältnisse« in den Gefängnissen der Stadt, gegen »das schleichende, antiseptische, saubere Santiago in den Knästen«. Der Vergleich der Bundesrepublik mit dem nationalsozialistischen oder zumindest einem halbfaschistischen Regime kam der Nach-Achtundsechziger-Linken recht locker über die Lippen. So ist es wohl eine der ironischen Pointen in Fischers Biographie, daß ausgerechnet die verhaßte Repression den achtundzwanzigjährigen Berufsrevolutionär auf den Weg einer höchst erfolgreichen Resozialisierung zwang. Am Ende erwies sich die staatliche Drohung als wirksamer Appell an seinen Selbstbehauptungswillen und seinen Überlebensinstinkt. Denn außer dem »Kampf gegen das Unterdrückungssystem« bot das Szeneleben in Frankfurt zu viele andere, attraktive Seiten, die Fischer seinem Hang zur Militanz dann doch nicht opfern wollte. »Wir sind die Wahnsinnigen«, hatte er 1976 auf dem Frankfurter Römerberg den Teilnehmern eines »Anti-Repressions-Kongresses« zugerufen. Glücklicherweise erwies er sich dann als nicht wahnsinnig genug, um bis zum Ende an der Gewalt festzuhalten. »Damals hatte uns die Repression am Wickel, und es hätte nicht viel bedurft, und wir wären daran kaputtgegangen«, urteilte er schon wenig später über die prekäre Lage.

Nach der Demonstration anläßlich des Todes von Ulrike Meinhof im Mai 1976 hatten Fischer und seine militanten Genossen davon Wind bekommen, daß sie als Verdächtige eines Molotowcocktail-Attentates verhaftet werden sollten, bei dem der Frankfurter Polizeibeamte Jürgen Weber lebensgefährliche Verbrennungen erlitten hatte. Offenbar war das Vertrauen der Gewaltszene in den Rechtsstaat stärker ausgeprägt, als die ritualisierte Propaganda gegen den »Repressionsapparat« nahelegte – jedenfalls entzog sich keiner der Verdächtigen der Festnahme, niemand von ihnen wollte in den Untergrund abtauchen, und so wurde auch Fischer inhaftiert. Daß er damals, während seines zweitägigen Gefängnisaufenthalts, Angst hatte, für den Brandanschlag verantwortlich gemacht zu werden, bestreitet er heute. Und wirklich konnte ihm eine Beteiligung nicht nachgewiesen werden.

Fischer wurde aus der Haft entlassen. Der Rechtsstaat funktionierte. Die Repression auch. Fischers Loslösung von der Gewalt hatte begonnen. »Jeder Generation, die auf dem Weg in eine falsche Richtung, in die Gewalt ist, muß Widerstand entgegengesetzt werden«, findet Fischer heute. Das entspricht seiner Erfahrung aus den siebziger Jahren.

In der Gewaltfrage sitzt bei Fischer der Schrecken von damals tief. Da ist das Bild von Hans-Joachim Klein, der zuerst mit ihm zusammen in der »Putz«-Gruppe prügelte, dann in den Untergrund ging und erst wieder auftauchte, als das Foto vom Anschlag auf die Wiener OPEC-Konferenz um die Welt ging: »Klein-Klein«, wie er in der Szene genannt wurde, mit einem Bauchschuß, schmerzgekrümmt zwischen zwei Polizisten. So sah ihn die Frankfurter Spontiszene wieder – ein Menetekel, das Joschka Fischer bedeutete, wo der Weg der Gewalt zu enden drohte.

Würden Sie von diesem Mann eine Mao-Bibel kaufen? Joschka Fischer 1976.

Das war die eine, die archaische Schlüsselerfahrung. Die andere, die intellektuelle, heißt für ihn »Entebbe«. Dort halfen deutsche Terroristen, die jüdischen Passagiere einer entführten Air-France-Maschine zu selektieren. Da war sie wieder, die deutsche Vergangenheit. Nur bewegten sich jetzt diejenigen auf dem Weg der Nazis, die für sich reklamiert hatten, die endgültige Befreiung von der faschistischen Drohung zu erkämpfen.

Auch die persönliche Dimension des Rückfalls in die Barbarei hat Fischer seit damals immer wieder zu ergründen versucht: »Erst wirst du geschlagen, das rechtfertigt, daß du zurückschlägst. Beim Zurückschlagen erfährst du Stärke, und damit bist du gefangen in der Gewalt.« So analysiert der Außenminister den Kreislauf, den er selbst durchlebt hat. Und weiter: »Dann verzerren sich die Züge, dann erlebst du den Mechanismus, der in die Abgründe der Gewalt und genau ins Gegenteil dessen führt, wofür du geglaubt hast, zu kämpfen: die befreite Gesellschaft.«

Fischer und sein Freund Cohn-Bendit gehörten von Beginn an zu den entschiedenen Kritikern der RAF, doch zugleich hatten sie ihr eigenes Gewaltkonzept entwickelt. Zeitweilig legitimierten sie ihre Militanz damit, daß nur ein solches handfestes »Aktionsangebot« labile, gewaltbereite Genossen davon abhalten könne, in die Illegalität abzutauchen. Fischer versuchte, die Terroristen von ihrem »Todestrip« abzubringen und vom linken Militanzprinzip zu überzeugen. So hatte

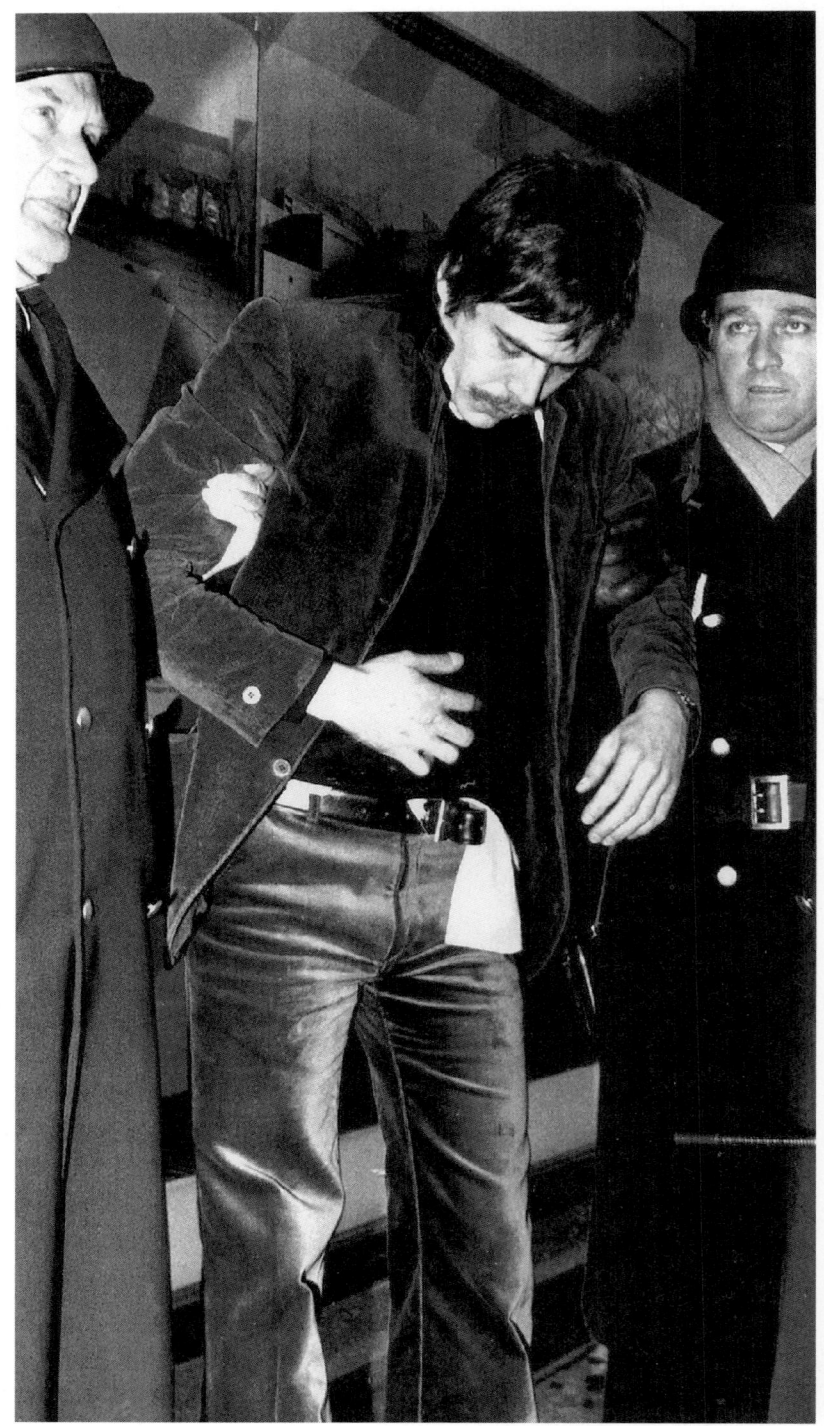

Ein Menetekel für die Szene. Hans-Joachim Klein mit Bauchschuß nach dem Attentat auf die Wiener OPEC-Konferenz 1975.

er noch an Pfingsten 1976 die »Genossen von der RAF« aufgefordert, »die Knarren wegzulegen und die Steine wieder aufzunehmen«. Ein Jahr später war für ihn auch diese Unterscheidung zwischen legitimer militanter und illegitimer terroristischer Gewalt fragwürdig geworden: »Je mehr wir inhaltlich als revolutionäre Bewegung kaputtgegangen sind, desto mehr sind wir auf den Militanz- und Gewalttrip gekommen.« Und in ebenso lockerem wie deprimiertem Ton fährt er fort: »Aufgrund dieser Erfahrungen komm' ich halt immer mehr zu der Überzeugung, daß wir unseren Veteranenstatus nur dann überwinden können, wenn wir aus dieser Sackgasse des Militantismus rauskommen, indem wir ihn selbst radikal in Frage stellen.«

Von Anfang an hatten die Spontis sträflich unterschätzt, wie schwer es sein würde, einerseits Gewalt zu propagieren, andererseits aber zu kontrollieren. Die selbstgezogenen Grenzen des »Frankfurter Militanzniveaus« – Steine: ja, Mollis: nein – waren schnell verwischt. Ob Fischer in seiner militanten Phase an dieser Unterscheidung festgehalten hat, darüber gibt es widersprüchliche Aussagen. Fünfundzwanzig Jahre später brachte diese Unklarheit den Außenminister Joschka Fischer an den Rand des Rücktritts. Was zu Beginn der Siebziger mit dem Widerstand gegen die Räumung besetzter Häuser und gegen Übergriffe der Staatsmacht begonnen hatte, löste sich bald von seiner ursprünglichen Begründung. Und so, wie im »Todestrip« der RAF der Anspruch auf gesellschaftliche Veränderung nur noch für Paranoiker erkennbar blieb, wurde auch die Massenmilitanz zum bloßen Selbstzweck, dem mit immer abstruseren Theorien politischer Sinn angedichtet werden mußte. Die revolutionäre Umsturzperspektive verkam zur Lebenslüge der militanten Szene. Und die Gewalt begann eine brutale Faszination auszuüben. Sie wurde zum Event.

Fischer wie Cohn-Bendit hatten kaum je in Rechnung gestellt, welch beflügelnde Wirkung ihre maßlose Agitation entfalten würde: Doch es war ja gerade ihr Propagandaerfolg, der sie am Ende selbst in Gefahr brachte. Jahrelang hatten sie die Republik in die Nähe des Faschismus gerückt und die Revolution herbeigesehnt, die Rechtfertigung für den »alltäglichen, befreienden Widerstand« geliefert und die Bewegung in eine heroische, antifaschistische Perspektive gehoben. Mit ihrer radikalen Agitation gaben sie die Tendenz vor, der immer radikalere Aktionen folgten, bis die Gewalt schließlich nur noch dazu diente, die politische Perspektivlosigkeit ihrer Befürworter zu kaschie-

Folgende Seiten: Radikal und cool. Daniel Cohn-Bendit, der französische Philosoph André Glucksmann und Joschka Fischer (von rechts) bei einer Podiumsdiskussion im Hörsaal IV der Frankfurter Uni 1978.

Norwegerpulli, Korblampe und ein feminin aussehender junger Mann. Fischer im Jahre 1979 in der Wohnung seiner Frau Inge.

ren. So befanden sich die beiden 1976 plötzlich und ungewollt an der Schwelle, an der sie nie hatten stehen wollen.

Nachdem sie sich einmal auf die Anwendung von Gewalt eingelassen hatte, drohte die militante Bewegung selbst ins Terroristische umzukippen. Brandsätze auf Menschen zu schleudern – das unterschied sich nicht mehr prinzipiell von den heimtückischen Mordanschlägen der RAF. Die Zauberlehrlinge der Militanz begriffen, vielleicht im letzten Augenblick, daß nun ein Schlußstrich gezogen werden mußte. Und Joschka Fischer sah die »Stunde der Einkehr« gekommen.

Fischers Abkehr vom Straßenkampf leitete die grundlegendste Wende seines politischen Denkens ein. Sie bedeutete für ihn auch das Ende aller revolutionären Träumereien. Doch wie tief Fischer im Denken und Handeln seiner ersten Frankfurter Zeit verwurzelt war, zeigt sich daran, daß er vier Jahre politischer Desorientierung durchleben mußte, bis er sich endgültig von seiner linksradikalen Vorstellungswelt gelöst hatte.

Fischer ist ein Rechthaber. Hat er etwas als richtig erkannt, setzt er alles daran, seine Ideen zu begründen und zu verteidigen. Seine selbstsuggestive Kraft und die Fähigkeit, andere auf seinen Weg zu zwingen, sind enorm. Das macht auch, ganz gegen das Klischee vom wendigen Opportunisten, seine Ablösungsprozesse so mühsam und langwierig. Seine ernüchternde Bilanz des »roten Jahrzehnts« stürzte ihn in die Depression, und phasenweise gewann seine Selbstkritik geradezu masochistische Züge.

Das ist der Gegenpol zu seiner rechthaberischen Seite. Und wie überkommene Vorstellungen bei Fischer die Form vehementen Starrsinns annehmen können, so ist die politische Depression eine Art kreativer Vorstufe, ein Durchgangsstadium auf dem Weg zu neuen Sicherheiten. »Vielleicht bleibt uns nur der reformistische Weg ins Grab, weil alles andere vorbei ist?« grübelte Fischer 1978. Das ist so ein Satz aus der Phase der Desorientierung. Er handelt vom Verlust der revolutionären Utopie, der sich Fischer ein Jahrzehnt lang verschrieben hatte. Aber zugleich steckt in dem Satz auch schon die Ahnung dessen, was dem Politiksüchtigen jetzt bevorsteht. Denn die abfällige Formel vom »reformistischen Weg ins Grab« ist ja nur noch eine letzte, verschämte Geste aus der Sphäre des Linksradikalismus. Und doch ist damit schon die Richtung vorgegeben, die von nun an Joschka Fischers politischen Weg bestimmen wird. Das Ende der revolutionären Utopie markiert den Übergang zu einer demokratischen Reformpolitik und zu seinem Engagement bei den Grünen.

3

Rebellion für das System:
Fischer und die Grünen

Joschka Fischer erlebte den Abschied von den Revolutions- und Ge-
waltutopien als existentielle Krise, als Rückzug in die linke Innerlich-
keit. »Wenn man Tag und Nacht und sieben Tage in der Woche hinter
der Revolution herackert, dann weiß man nach sieben Jahren nicht
mehr, was Wahn und was Wirklichkeit ist, und man beginnt sich
selbst zu verlieren. Ich habe damals aufgehört. Sechs Jahre im wesentlichen nur Taxi zu fahren und zu leben ist mir nicht schlecht bekommen.« So beschreibt Fischer später seine Lebensphase zwischen 1976
und 1982.

Das war die Zeit, in der der Exil-Tscheche Milan Horacek, der nach
dem Ende des Prager Frühlings nach Frankfurt gekommen war,
Fischer hin und wieder in seinem Antiquariat im Keller der Karl-
Marx-Buchhandlung aufsuchte. Horacek hatte 1968 den Aufbruch zu
einem »Sozialismus mit menschlichem Gesicht« und dessen gewalt-
sames Ende erlebt. Jetzt arbeitete der Mitbegründer der Grünen an
einem neuen politischen Aufbruch. Manchmal, wenn er Fischer besucht, bringt er ein Antragsformular für die Mitgliedschaft in der jungen Partei mit, das er ihm dann auf den Schreibtisch legt. Horaceks
Werben und Fischers Abwehr – das wird zu einem Ritual zwischen
den beiden. Entweder wischt Fischer das Formular vom Tisch, ganz en
passant, so, als habe er es gar nicht bemerkt. Oder er wirft es mit einer
demonstrativen Geste des Ekels in den Abfall, hetzt im Spaß seinen
Hund Dagobert auf den grünen Werbegänger und beschimpft ihn,
halb scherzhaft, halb ernst, als korrupten Parlamentarier, der ihn auf
politische Abwege locken wolle. Einmal dann bleibt der Antrag wie
unbeachtet liegen. Vielleicht war Fischer an diesem Tag nicht in Thea-
terlaune. Irgendwann im Sommer 1981 hat er dann unterschrieben.
Die Identitätskrise, in die ihn der Niedergang des militanten Linksradikalismus gestürzt hatte, geht zu Ende. Noch läßt er sich nicht auf

75

den Versammlungen der Frankfurter Grünen blicken, bleibt zunächst nur passives Mitglied, so, als hätten ihn der schwere Abschied aus dem subversiven Ghetto und der Eintritt in eine Partei schon genug Überwindung gekostet. Dann aber, im Herbst 1982, mischt er sich in die grünen Auseinandersetzungen ein und betritt die Bühne, die er seither nicht mehr verlassen hat.

Lösung einer existentiellen Krise – der gescheiterte Linksradikale wird Realpolitiker

Wäre das Etikett eines »ernsthaften Spontis« kein Widerspruch in sich, man könnte es getrost dem Fischer der späten siebziger Jahre anheften. Denn wie kaum ein anderer aus der Szene – anders auch als sein leichtfüßiger Freund Daniel Cohn-Bendit – hat er dem Scheitern der Bewegung hinterhergegrübelt und seine politische Krise als Lebenskrise ausgekostet. Die grüne Perspektive nahm er erst wahr, nachdem er seine Spontibilanz gezogen hatte. Die Szene konnte Fischers Metamorphose vom desillusionierten Apo-Aktivisten zum entschiedenen Vertreter einer grünen Realpolitik in ihrer Hauspostille, dem ›Pflasterstrand‹, detailliert mitverfolgen: gewissenhafte Berichte aus einem linken Purgatorium. Fischers Buße für die Zeit seiner radikalen Irrungen scheint darin bestanden zu haben, daß er deren ideologische und habituelle Restbestände noch jahrelang mit sich herumschleppte und erst los wurde, als er sie intellektuell kleingearbeitet hatte.

Und wieder war es Daniel Cohn-Bendit, der sich früher – und zuerst noch unter der verständnislosen Kritik seines Freundes – auf das neue politische Projekt einließ. Die grüne Bewegung, die sich formierenden Wahlbündnisse – da mußte er einfach dabeisein, obwohl er erst Jahre später Mitglied bei den Grünen wurde. Mit seiner Begeisterungsfähigkeit überdeckte Cohn-Bendit spielend den Bruch mit dem Bisherigen. Für ihn war der Start der Grünen ein politisches Abenteuer, und jedes Zögern war eines Spontis im Grunde unwürdig.

Während ein Teil der Spontibewegung bereits anläßlich der hessischen Landtagswahlen 1978 auf den anfahrenden grünen Zug aufspringen wollte, formulierte Fischer damals noch sein »stures Nein«.

Die Paßbildauto-
maten der siebziger
Jahre machten aus
jedem einen Krimi-
nellen.

Einfach zu schnell, wohl auch zu opportunistisch ging ihm die Wende
zu den Grünen, zum Parlamentarismus und – es ließ sich ja nicht
leugnen – zum herrschenden System. War das nicht doch nur ein Ret-
tungsanker für frustrierte Politkader? – argwöhnte Fischer und stellte
die erschütternde Frage: »Wir Anarchisten, Spontis und Verweigerer sollen plötzlich alles vergessen und wählen oder gar gewählt werden?« Er zog es vor, noch eine Weile in Frankfurt Taxi zu fahren oder
dem Karl-Marx-Buchladen mit effizienteren Strukturen aus den roten
Zahlen zu helfen.

Doch Fischer wäre nicht Fischer, hätte er nicht auch schon fasziniert
das politische Potential der Umweltbewegung und des bundesweiten
Anti-AKW-Protestes wahrgenommen. Und so tauchten bereits 1978
die anderen, weniger skeptischen Fragen auf, die ihm bald als Brücke
zum grünen Projekt dienen sollten: Vielleicht irren sich ja nicht die
Grünen, die jetzt in die Parlamente drängten, sondern die skeptischen
Ex-Radikalen seines Schlages. War mit dem Erscheinen der Umweltbewegung nicht der Moment gekommen, »an dem die studentisch-
intellektuellen Militanten und Verweigerer positiv in die herrschende
Wirklichkeit einsteigen«?

Zwei Jahre später, 1980, ist ›Der Widerspenstigen Zähmung‹, so der
Titel einer seiner Metamorphosen-Texte, abgeschlossen. Das »radikale Verweigerungsethos«, das die linksradikale Bewegung sich so zäh

Vom außerparlamentarischen Protest zur institutionellen Politik. Die Grünen bildeten die Brücke, die auch Fischer – nach einigem Zögern – im Sommer 1981 betrat.

bewahrt hat, erscheint ihm nun als »bloßes Gespenst«. Weshalb nicht ehrlich sein, fragt Fischer, »weshalb nicht die Wirklichkeit mit dem Kopf einholen, auch wenn es weh tut?« Die Ökobewegung jedenfalls wolle sich nicht verweigern, sondern mitbestimmen. Es gehe ihr nicht darum, das bestehende Gesellschaftssystem zu besiegen und zu zerschlagen, sondern es von innen heraus zu verändern. Und im Zuge dieses Prozesses, prognostiziert Fischer, werde sich die »Sogwirkung des parlamentarischen Systems, das bei entsprechender Gefolgschaft Machtbeteiligung verspricht, als stärker erweisen, stärker als alle basisdemokratischen oder aktionistischen Illusionen«. Hier ist sie erstmals formuliert, die realpolitische Strategie, mit der er in den kommenden Jahren die Grünen erobern wird.

Im Sommer 1981 bei den Grünen eingetreten, blieb Fischer noch über ein Jahr Zaungast. Doch dann war er plötzlich da. Der Zeitpunkt seines Einstiegs in die grüne Politik war alles andere als zufällig: Bei den hessischen Landtagswahlen am 26. September hatte die Partei auf Anhieb acht Prozent der Stimmen erzielt. In Bonn war soeben die sozialliberale Ära zu Ende gegangen. Nicht zuletzt wegen des Koalitionsbruchs im Bund war die FDP in Hessen unter der Fünf-Prozent-Marke geblieben. Rein rechnerisch gab es nun im Wiesbadener Landtag eine Mehrheit für SPD und Grüne – der SPD-Vorsitzende Willy Brandt sprach am Wahlabend von »einer Mehrheit diesseits der Union«. Da konkretisierte sie sich also zum ersten Mal, die Hoffnung auf eine »Machtbeteiligung« der Reformbewegung, die Fischer zwei Jahre zuvor vage, noch zurückhaltend angedeutet hatte.

Doch seine Hoffnung auf den pragmatischen Realismus der Ökopartei erwies sich als vorschnell. Die Grünen waren ganz anders, als Fischer zuerst befürchtet, dann gewünscht hatte. Die aufgeregten Ökologen, alarmierten Pazifisten, verwegen-verwirrten Bauern und zynisch gewordenen Ex-K-Grüppler jeglicher Couleur wollten gar nicht an die Macht oder ins Zentrum des Systems, um dort mit Bündnissen und Kompromissen schrittweise für Veränderungen zu sorgen. Eher sehnten sie sich nach einer Art alternativer Revolution oder waren einfach von der Vorstellung begeistert, die Opposition gegen das Bestehende bis in die Parlamente zu tragen. Im Grunde wollten sie erschreckend Ähnliches wie Joschka Fischer zehn Jahre zuvor, nur eben ohne Gewalt und auch auf parlamentarischer Bühne. Und so führte ihn der Abschied vom linken Radikalismus erneut in ein politisch aufgeladenes, radikales Milieu: dasselbe in Grün. Doch Fischers Schmerz über die Agonie des Spontitums war noch zu frisch, als daß er sich nun auf eine neue, grüne Spielart des Radikalismus hätte einlassen wollen. Im Gegenteil, zu den Grünen war er mit der grimmigen Entschlossenheit gegangen, so etwas nicht wieder zu erleben. Er kam als Missionar gegen den grünen Missionarismus, ein Eiferer gegen das Eifern, ein militanter Realist.

Und noch auf eine andere Weise schützte er sich gegen eine Wiederholung seiner schmerzhaften Erfahrungen. Am selbstzerstörerischen

Niedergang der Frankfurter Spontis litt Fischer deshalb so intensiv, weil die Szene ihm zur Heimat geworden war. Auf die Grünen hat sich Fischer nie so emotional eingelassen, hat sich innerlich nicht wirklich mit ihnen identifiziert. Für ihn war die Partei etwas anderes als für die meisten ihrer damaligen Mitglieder: ein Instrument, um Einfluß zu gewinnen, um Macht zu erlangen, um Veränderungen durchzusetzen. Und so unbändig und hemmungslos, so über jeden Zweifel erhaben, wie er sich einst als linksradikaler Agitator aufgeführt hatte, präsentierte er sich jetzt als Vorkämpfer einer reformistischen Bündnisperspektive. Da war er wieder, der Überwältigungspolitiker: So mühsam es für ihn selbst gewesen war, sich seine systemoppositionellen Flausen auszutreiben, so harsch reagierte er plötzlich auf alle, die unter grüner Politik etwas anderes verstanden als er. Eben noch hatte Fischer die Partei und ihren parlamentarischen Impetus skeptisch beäugt, nun ließ er sich derart konsequent darauf ein, daß manch Grünem der ersten Stunde Hören und Sehen verging.

Milan Horacek beispielsweise, der Fischer für die Partei gewonnen hatte, sah sich jetzt, ein Jahr später, einem innerparteilichen Gegner gegenüber, der ihm mit glühendem Realismus klarzumachen suchte, wie erfolgversprechende grüne Politik betrieben werden muß. Am 1. Oktober 1982, dem Tag des Mißtrauensvotums gegen Helmut Schmidt, trafen Fischer und Horacek, der zusammen mit Jutta Ditfurth und Manfred Zieran als grüner Stadtverordneter im Frankfurter Römer saß, bei einem Streitgespräch aufeinander. Es wurde heftig gebrüllt, und selbst zwanzig Jahre später vermittelt das Gespräch immer noch einen Eindruck vom heraufziehenden Irrsinn der grünen Flügelkämpfe um die richtige Strategie:

Horacek: Alle Linken, Trotzkisten, Spontis, Anarchisten ... haben plötzlich in uns hineinprojiziert, daß wir die Schweinereien machen sollen – für mich sind das Schweinereien ...

Fischer: Was für Schweinereien denn?

Horacek: Ja, die Schweinereien, sich einzulassen auf eine Politik mit der SPD, so wie sie ist ...

Fischer: Milan ...

Horacek: Wenn wir über eine politische Verantwortung für die Zukunft sprechen müssen, dann auf der Grundlage einer anderen SPD.

Fischer: Du willst das ja überhaupt nicht. Du bist doch hybrid. Du glaubst doch nicht, daß die SPD ...

Horacek: Mit dieser SPD und diesem Börner sicher nicht ...

Fischer: Wieso geht das nicht? Was geht denn dann noch? Wozu wählt man dich denn? Ich frage mich ehrlich, wozu habe ich grün gewählt?

Horacek: Nicht für das, daß ich mit Börner jetzt ins Bett gehe, das ist doch logisch.

Fischer: Ja für was denn?

Horacek: Daß wir ihn unterstützen, in einer Minderheitsregierung, oder was?

Fischer: Was willst du denn machen?

Horacek: Ja bist du bescheuert oder was? Wenn du nichts anderes meinst, dann hast du was falsch gemacht, dann solltest du dein Kreuz sofort bei der SPD machen.

Fischer gegen Horacek – das war bei allen Differenzen noch die freundschaftliche Variante des innerparteilichen Streits. Erst einige Jahre später sollte es zwischen den Lagern verletzend, ja haßerfüllt zugehen. Doch 1982 stand Fischer gerade am Beginn dieser Auseinandersetzung. In Hessen warb er für eine Tolerierungspolitik gegenüber

Als Helmut Kohl im Herbst 1982 auf der Bonner Regierungsbank Platz nahm, begann Joschka Fischer für die Koalition zu kämpfen, die Kohl einmal stürzen sollte – sechzehn Jahre später.

Platz drei für Hessens Grüne: Joschka Fischer mit den Bundestagskandidaten Milan Horacek, Hubert Kleinert und Wolfgang Hecker (von links).

den Sozialdemokraten, also: noch nicht selbst regieren, aber regieren lassen. Das wiederum war nicht nur für Horacek, sondern für die übergroße Mehrheit im hessischen Landesverband, der jede Kooperation mit der SPD ablehnte, zu diesem Zeitpunkt undenkbar. An der Startbahn West des Frankfurter Flughafens demonstrierte die Ökobewegung gegen die Politik der regierenden Sozialdemokraten, in Hanau arbeitete eine Plutoniumfabrik, das Atomkraftwerk in Biblis, keine 80 Kilometer von Frankfurt entfernt, stand vor dem Ausbau. So biß der frischgebackene Reformpolitiker Joschka Fischer mit seinen Kooperationsplänen bei den Grünen erst einmal auf Granit.

82

Und überhaupt: Wer war er denn damals schon? Später, längst zum heimlichen Vorsitzenden avanciert, an dem vorbei keine halbwegs wichtige Entscheidung getroffen werden konnte, kokettierte Fischer gern damit, er sei einfaches grünes Parteimitglied, Kreisverband Frankfurt, und genoß dabei die Spanne zwischen diesem unscheinbaren Faktum und seiner tatsächlichen Machtfülle. Doch jetzt, im Herbst 1982, war Fischer in der hessischen Partei wirklich nichts anderes als ein einfaches Mitglied.

Das änderte sich schnell. Wegen des Regierungswechsels in Bonn standen Bundestagswahlen ins Haus. Fischer versuchte Daniel Cohn-Bendit zu einer Kandidatur zu überreden, der bereits 1978, damals noch bei der Grünen Liste Hessen, zu den Landtagswahlen hatte antreten wollen. »*Du* mußt es machen«, antwortete Cohn-Bendit. Also entschloß sich Fischer zur Kandidatur, tingelte durch die grünen Kreisverbände, absolvierte die Ochsentour, die Cohn-Bendit scheute, und fand sich, wenige Monate nach seinem Einstieg in die grüne Politik, auf Platz drei der hessischen Landesliste für die Wahl am 6. März 1983. Es war – wer sonst? – Milan Horacek, den er auf dem Nominierungsparteitag in der Mensa der Gesamthochschule Kassel im Kampf um den dritten Listenplatz aus dem Feld schlug. Und es war sein erster Sieg über die Frankfurter Fundamentalisten um Jutta Ditfurth – der Beginn einer langen Feindschaft.

In Ditfurth hatte Fischer eine ernstzunehmende Gegnerin gefunden, die einzige in der gut zwanzigjährigen Geschichte der Grünen, die es an Machtwillen, Energie und agitatorischer Kraft mit ihm aufnehmen konnte. Gemessen an ihrer Präsenz, ihrem Instinkt und ihrem Durchsetzungsvermögen, wirken alle späteren Widersacher Fischers – Ludger Volmer, Jürgen Trittin oder Christian Ströbele – recht harmlos. Ein Jahrzehnt lang kämpften Jutta Ditfurth und Joschka Fischer um die Vorherrschaft bei den Grünen – zuerst im hessischen Landesverband, dann auf Bundesebene. Mit den beiden trafen zwei Machtkraftwerke aufeinander, und jeder Gedanke an ein Arrangement zwischen ihnen erschien von Anfang an absurd. Spontan erkannten sie, daß der jeweils andere eine Bedrohung für ihr ganz unterschiedliches, existentiell aufgeladenes Politikverständnis darstellte. Für Ditfurth war Fischer ein gefährlicher, prinzipienloser Egozentriker, der die Grünen seinen Karriereinteressen zuliebe auf einen opportunistischen Anpassungskurs zwingen wollte. Umgekehrt sah der grüne Realpolitiker in Ditfurth die Anführerin einer Sekte ewig gestriger Radikalfunktionäre, die die Partei in ihrem fundamentalistischen Würgegriff hielt. Hinzu kam, daß für Fischer, den Metzgersohn, die Auseinandersetzung mit der Tochter aus adeligem Hause im Laufe der Jahre so etwas wie eine klassenkämpferische Dimension bekam: »Die Art und Weise, wie sie Leute behandelt hat, das lernt man nicht in einer Generation«, erinnert sich der Außenminister, der seine Intimgegnerin früher entweder als »Juttchen« veralberte oder als »Jutta von Ditfurth« anredete, obwohl, nein weil sie ihr »von« abgelegt hatte. Von heute aus gesehen begann mit Fischers Einzug in den Bundestag, der ihn bald schon zum grün-alternativen Star machen sollte, Jutta Ditfurths langjähriger, von kurzen Höhenflügen unterbrochener politischer Abstieg. Doch bis zu ihrem wütenden Abschied, 1991 auf dem Parteitag in Neumünster, sollte Fischer noch viel von ihr hören.

Ein Sponti im Bundestag

In der Geschichte der Bundesrepublik markiert die Ankunft der Grünen im Bundestag einen Einschnitt. Fünfzehn Jahre nach der Studentenrevolte war eine Partei, die ihre Vitalität aus dem außerparlamentarischen Protest von Umwelt- und Friedensbewegung zog, auf die nationale politische Bühne vorgedrungen. Allein schon die Präsenz der Grünen im Parlament beendete die Hermetik, mit der sich die Bonner Politik nicht nur gegen die ökologische und pazifistische Opposition, sondern gegen neue gesellschaftliche Impulse überhaupt abgeschirmt hatte. So war es nicht verwunderlich, daß die »Altparteien« eine Art Kulturschock erlitten, als die bunte, alle Konventionen mißachtende Truppe im Zentrum der Politik auftauchte. »Mit uns hat doch der Untergang Deutschlands an die Tür des Parlaments geklopft«, wird Fischer sich später an die Reaktion im Hohen Haus erinnern. Gerade wegen der enormen Wirkung, die dieses Ereignis auf die politische Kultur der Republik hatte, ist die Zäsur, die es damals markierte, heute nur schwer nachvollziehbar. Mittlerweile ist Deutschland zu grün geworden, um noch recht verstehen zu können, warum die Grünen damals im Bundestag wie eine Invasion von Außerirdischen empfunden wurden.

Versonnen in Bomberjacke. Fashion-Statement beim ersten Auftritt vor der Bundespressekonferenz 1983.

Kulturbruch in Bonn. Die Grünen – im Vordergrund Petra Kelly und Gerd Bastian – auf dem Weg in den Bundestag.

Am 8. März 1983 um elf Uhr traf sich die erste grüne Bundestagsfraktion im Hochhaus Tulpenfeld zu ihrer konstituierenden Sitzung. Mit 5,6 Prozent hatte die Partei den Sprung ins Parlament geschafft und stellte achtundzwanzig Abgeordnete. Man tagte öffentlich – ein Transparenzritual, das sich jahrelang halten sollte. Medien, Basis, künftige Mitarbeiter, alle durften dabeisein. Erst am Morgen nach der Wahl erfuhr Joschka Fischer, daß es auch für seinen Listenplatz gerade noch gereicht hatte. Tags darauf erschien er zur ersten Fraktionssitzung. Er kam nicht allein. Aus Frankfurt brachte er zwei alte Vertraute mit, die seinen Start ins politische Establishment flankieren sollten: Georg Dick und Raoul Kopania. Handfeste Unterstützung in den Wirren des Anfangs kann nie schaden. Dick, später Planungschef im Auswärtigen Amt und heute deutscher Botschafter in Chile, wurde Pressesprecher der Fraktion. Und Kopania, der wie sein Chef auch über physische Durchsetzungsfähigkeit verfügte, übernahm die Stelle als Fischers Büroleiter. Er gilt als Organisationstalent, und in der Tat gelang es ihm rasch, der Bundestagsverwaltung, die mit hinhaltendem Widerstand auf den unerwünschten grünen Neuzugang reagierte, Räume, Schreibtische und Telefone abzutrotzen. Auch so gewinnt man Einfluß.

Am 29. März 1983 hielten die Grünen Einzug ins Hohe Haus. Es wurde ein alternatives Happening. Aus der Bonner Innenstadt zogen die Neuen mit Sympathisanten und Polizisten Richtung Regierungsviertel. Begleitet von Trommeln und Rasseln, rollte ein mannshoher Globus vor ihnen her, Symbol des erdumspannenden Anspruchs der Bewegungspartei. Als Mahnung schleppte man einen im sauren Regen zugrunde gegangenen Nadelbaum durch die Stadt. Petra Kelly hatte eine kleine Fichte dabei, die vom Bauplatz der Frankfurter Startbahn-West stammte. Dann verlas die Symbolfigur der jungen Partei eine Resolution, die in dem Versprechen gipfelte: »Wir werden die Bewegungen niemals verraten.« An der Grenze zur Bannmeile, wo Demonstrationen – auch die von Abgeordneten – verboten sind, wurden die Transparente und sonstigen Kundgebungsutensilien freundlichen Polizeibeamten zur Verwahrung übergeben. Nur Blumen in Töpfen und Sträußen sowie kleineres Nadelgehölz durften mit in den Plenarsaal.

Am nächsten Tag ging es dann noch bunter zu: Schon wieder eine Demo. Die Eidesformel, mit der sich die Minister des Kabinetts Kohl verpflichteten, »Schaden vom deutschen Volke abzuwenden«, kam den Grünen »verlogen« vor; schließlich betrieb die Bundesregierung die Stationierung atomarer Mittelstreckenraketen – die Fraktion verließ geschlossen den Saal.

Nach dem Wiedereinzug bekommt der Abgeordnete Joseph Fischer seinen ersten Auftritt im Parlament. Man kann nicht sagen, er habe viel Zeit verstreichen lassen, bis sie ihn kennenlernen durften. Eigentlich will er ja nur den Antrag auf Erweiterung einiger Bundestagsausschüsse stellen. Aber wo die Gelegenheit schon da ist, nutzt er sie und nennt mal eben den CSU-Vorsitzenden Franz Josef Strauß einen »reisenden Pistolero«, weil der mit Diktatoren verkehre, die man getrost als »Mörder« bezeichnen könne. Solche Töne sind die Unionsabgeordneten noch nicht gewohnt. Empörung machte sich breit. Das wiederum hält der Neue für unangemessen. Sie sollten aufhören zu »randalieren«, findet Fischer und verpaßt den »hinter Schlips und Kragen verschanzten« Kollegen gleich noch einen Ordnungsruf: »Benehmen Sie sich doch mal so, wie es Ihrem Aufzug entspricht!« Der grüne Antrag auf Ausschußerweiterung wird abgelehnt. Aber Fischer hat sich schon mal eingeführt.

Die Fortsetzung ließ nicht lange auf sich warten. Unter dem Titel »Der Bundestag ist eine unglaubliche Alkoholikerversammlung« erschien Fischers erstes Skandalinterview – im ›Pflasterstrand‹, wo sonst? Keine vier Wochen in Bonn, resümierte der Jungparlamentarier seine Eindrücke: »Erstaunlich ist, daß an diesem Bundestag scheinbar der Zeitgeist vorübergegangen ist. Diese steife Krähenversammlung erinnert mich an ein Turnier der Standardtänze, das ich in Erwartung eines Sportereignisses ab und zu im Fernsehen sehe. Mir kam das vor wie zu Beginn der antiautoritären Bewegung, als wir eine Vietnam-Aktion auf dem Abiturientenball machten. Dadurch, daß in Bonn, in diesen hehren Hallen, die Zeit stehengeblieben ist, kann man Wirkungen erzielen, wie man es nur damals konnte. Die sehen ja noch aus wie 1952, genauso ist es im Bundestag. Das gilt auch für die SPD. Auf den Hinterbänken traut sich mal einer etwas legerer zu sein, aber nur etwas. Wie in den fünfziger Jahren. Jeder New Waver hätte seine Freude daran. Die Ministerien sehen aus wie aus der kärglichen Wiederaufbauphase, und die Beamten, die da sitzen, passen furchtbar gut rein. Das einzige Neue ist, daß da nicht mehr der Dreihunderter von Adenauer rumfährt.«

So witzig und pointiert Fischer über das zurückgebliebene Bonner Milieu auch spottete – ganz unbeeindruckt ließ es ihn nicht, daß er sich nun selbst inmitten der politischen Prominenz bewegte: der Brandts und Genschers, Vogels und Kohls. Ob sie ihn einschüchterten, die Größen, die er bislang nur aus dem Fernsehen kannte? Darüber berichtete er nicht. Falls es solche Regungen bei ihm gab, bekämpfte er sie von Beginn an mit atemberaubender Frechheit.

Wie eine pure Selbstverständlichkeit wirkt es aus heutiger Sicht, daß sich Joschka Fischer nicht mit dem Dasein eines einfachen Abgeordneten und Hinterbänklers begnügen wollte. Mit der ihm eigenen Mischung aus fordernder Präsenz und Überzeugungstalent war es ihm nach der ersten Bonner Woche gelungen, den Posten des parlamentarischen Geschäftsführers für sich zu reklamieren. Damit saß er im

Vorstand der Fraktion und verhandelte im Ältestenrat des Bundestages über Tagesordnung, Redezeiten und Formalia. Das klingt nicht aufregend und ist trotzdem eine einflußreiche Position im Parlamentsbetrieb, die ihm, wie er bald feststellte, »viel Feindbegegnung« verschaffte. Und für den Bonner Neuling mit autodidaktischen Erfahrungen war es ein Intensivkurs über die Funktionsweise des Bonner Getriebes. Auch das verhalf ihm zu der demonstrativ-lässigen Souveränität, mit der er sich schon bald in seinem neuen politischen Umfeld bewegte.

In der fremden Bonner Welt, dem grünen Synonym für »abgehobene«, verfehlte Politik, rückten die neuen Abgeordneten eng aufeinander. Sie gehörten jetzt dazu und trugen doch das Bewußtsein ihres Andersseins wie eine Monstranz vor sich her. Nur, was verband die

Der Aufprall auf den real existierenden Parlamentarismus bekam nicht allen Grünen gleich gut. Petra Kelly versteckt sich hinter ihrer Sonnenbrille, Joschka Fischer orientiert sich nach vorne.

grünen Fraktionsmitglieder wirklich, die da – im vollen Licht der Öffentlichkeit – aufeinandertrafen? Was hatten die leidenschaftliche Moralistin und Ur-Grüne Petra Kelly und der leicht zynische K-Gruppen-Kader Jürgen Reents gemeinsam, was der nüchtern-brillante Strafverteidiger Otto Schily und Christa Reetz, die Rentnerin aus dem badischen Wyhl, die in der Anti-AKW-Bewegung zur Grünen geworden war? Und was verband Antje Vollmer, die linke Pastorin aus der protestantischen Jungbauernbewegung, mit dem ehemaligen »Putz«-Gruppen-Mitglied Joschka Fischer? Der Zusammenprall der Kulturen innerhalb der Fraktion war mindestens so heftig wie der mit den »etablierten« Bonnern. »Die verschiedenen grünen Fraktionen machen sich vor allen Dingen in einer gewaltigen Psychokiste Luft«, berichtete Fischer über die grüne Sitzungskultur, den ununterbrochenen »Psychokrieg aller gegen alle. Du hast das Gefühl, achtundzwanzig Abgeordnete plus eine nicht näher fixierte Zahl von Nachrückern beginnen einen gewaltigen Kampf untereinander, jeder gegen jeden, manche gegen manche, Stunde für Stunde, Tag für Tag.« Es war, mit anderen Worten, ein interessanter Kampfplatz für einen in Gruppendynamik und Selbsterfahrung versierten Frankfurter Ex-Sponti.

Fischer war nicht nur vom etablierten Bonner Betrieb mit seinen starren Formen und Ritualen, den Abwehrreflexen der Altparteien, irritiert. Nicht weniger stark befremdeten ihn viele aus den eigenen Reihen. Er vermißte Effizienz und Zielgerichtetheit – Sekundärtugenden, über die Fischer in jeder seiner Lebensphasen verfügt –, und auch die Ausstrahlung mancher seiner »Parteifreunde« empfand der zum realpolitischen Macho gewandelte Ex-Revolutionär zumindest als merkwürdig: Der moralische Gestus, das leicht Missionarische, das Aufgeregt-Bemühte, das sich zum unprofessionellen Auftreten fügte – mit alledem konnte Fischer wenig anfangen, und er reagierte darauf mit herablassendem Sarkasmus. Eher kam er in der Anfangszeit mit Politkadern wie Jürgen Reents aus, als daß er mit der grünen Galionsfigur Petra Kelly »eine Ebene« hätte finden können – wie man damals sagte. Die Grünen waren eben beides: eine ökologische Bewegung von HerzenspolitikerInnen und ein Zivilisierungsprojekt von Linksradikalen unterschiedlichster Provenienz. Und mit seinesgleichen hat sich Fischer auch über politische Differenzen hinweg stets besser verstanden als mit diesen urtümlich-fremden Grünen um Petra Kelly, mit der er nun im ersten Fraktionsvorstand saß.

Mit Otto Schily dagegen kam er sofort gut aus. Der war zwar damals von seinen Umgangsformen, seinem bürgerlichen Habitus her geradewegs ein Gegenbild zu Fischer und paßte problemlos in die Bonner Parlamentsreihen. Doch in seinen realpolitischen Vorstellungen mit Schily ohnehin einer Meinung, hatte Fischer allen Respekt vor dem scharfzüngigen, weltgewandten Anwalt, der bald in der Flick-Affäre seine großen Auftritte zelebrieren sollte. Die Frage der Hierarchie war zwischen dem Fraktionschef und seinem parlamentarischen Geschäftsführer schnell geklärt. Schon bei der ersten Gelegenheit, bei der Schily ihn anblaffte, um einen eigenen Fehler zu kaschieren, hielt Fischer mit einer aggressiven Schimpftirade hart dagegen. Danach war Schily die Nummer eins, die begriffen hatte, daß sich die Nummer zwei nicht wie ein Untergebener behandeln ließ. Bis heute nennt Fischer den Kabinettskollegen Otto Schily, der die Grünen 1989 verließ, seinen Freund.

Ein weiterer enger Verbündeter war seit den frühen Bonner Tagen der Marburger Hubert Kleinert, zusammen mit Fischer der profilierteste Vertreter der hessischen Realo-Linie. Auch Kleinert ging der herzenspolitische Gestus mancher Kollegen auf die Nerven, das Überschießende ihres Politikstils, ihres Anspruchs und ihrer Forderungen. Nein, das war in vielem nicht realistisch. Aber es ist gerade diese Unbedingtheit der frühen Grünen, die ihre Ausstrahlung ausmacht und ihren Erfolg begründet. Wie Fischer, so projiziert auch Kleinert ein Bild auf die Grünen, dem sie noch lange nicht entsprechen werden: das Bild einer professionellen, rationalen, realistischen Partei, ohne Scheu vor der Macht, kompromißbereit und reformorientiert. Für den Verlust an grüner Ursprünglichkeit, den das bedeuten würde, haben die Realos kein Gespür. »Juniorpartner der SPD« – so lautete Otto Schilys karge Zielperspektive, die er im Januar 1984 formulierte. Für die meisten seiner Parteifreunde, die die Grünen nicht zuletzt als Gegenentwurf zur technokratischen SPD der Ära Schmidt gegründet hatten, war das verständlicherweise ein provozierendes Szenario.

Die Provokation kam an. Sind die Realos bereit, die Grünen für die eigene Machtperspektive an die SPD zu verhökern? – das war die Frage, die in der Fraktion zu heftigen Auseinandersetzungen führte. Man kann sich die schneidende Arroganz Schilys, den dunkel dräuenden Sarkasmus Fischers vorstellen, mit dem die beiden auf diesen Vorwurf reagierten. Nein, die beiden Realo-Fürsten machten sich mit

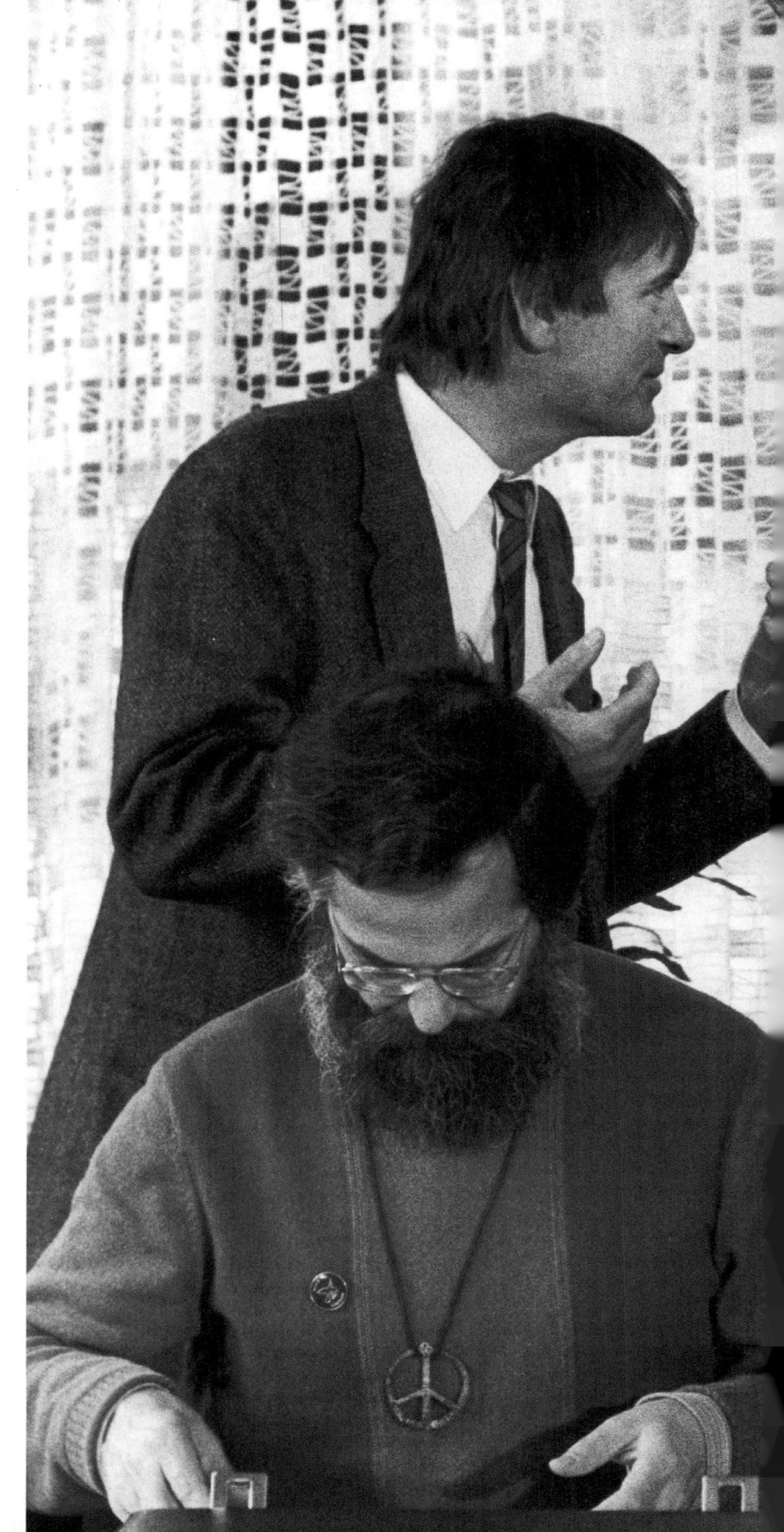

Drei Farben Grün.
Der Straßenkämpfer
mit Clochard-T-Shirt
sowie der einzige
Grüne, der 1984
schon wußte, wie
man eine Krawatte
bindet: Otto Schily.
Im Vordergrund zwei
Bilderbuchgrüne mit
Bart und ernsten
Mienen.

ihrem elitären Gestus – Schily in der geschliffen-bürgerlichen, Fischer in der grob-rebellischen Variante – nicht beliebt. Und sie zeigten demonstrativ, daß ihnen das egal war. Gefolgschaft oder kaum verhohlene Verachtung, das waren im Grunde die Alternativen, zwischen denen die Fraktionskollegen zu wählen hatten. Bereits 1984 prägte Antje Vollmer den Begriff der »Fischer-Gang«. Schon damals waren die mafiosen Züge an Fischers Verhalten erkennbar, das herablassende Wohlwollen des angehenden Paten, mit dem er seinen Anhängern begegnete, die einschüchternde Kälte, die seinen Widersachern entgegenschlug. Noch ist er nicht mächtig genug, um über das politische Schicksal, Aufstieg und Fall seiner Parteifreunde zu entscheiden. Aber wer seine Kreise stört, hat schon jetzt nichts zu lachen. Fischer hat ein Ziel vor Augen. Und bei der Durchsetzung dessen, was ihm für sich selbst und die Partei vorschwebt, ist er bereit, sehr weit zu gehen – »ein sich am Rande des zivilisatorischen Minimums bewegendes Individuum«, wie ihn einer seiner Realo-Freunde später einmal charakterisieren wird.

Natürlich mußten Schily und Fischer für ihr Dominanzgebaren empfindliche Niederlagen einstecken, die pikanteste kam schon nach einem Jahr: Bei den Neuwahlen verloren die beiden Machos ihre Führungsposten, ein reiner Frauenvorstand mit Antje Vollmer und Waltraud Schoppe stand nun zu Fischers Leidwesen an der Spitze der grünen Fraktion. »Die können es nicht«, lautete vom ersten Tag an seine abschätzige Parole. Aber sie konnten es recht gut.

Bei allen Spannungen – die Fraktion erlebte auch ihre gemeinsamen Sternstunden, in denen sie demonstrieren konnte, daß es nun mit der überkommenen Parlamentsroutine und der Gravität des Hohen Hauses ein Ende hatte. Auch dabei spielte Fischer eine herausgehobene Rolle. Die Art, wie er die alteingesessenen Bonner attackierte, wie er den Kanzler verulkte, gefiel Grünen jeder Couleur. Und dann die Affäre Kießling: Ein hoher General und stellvertretender Oberkommandierender der Nato war aufgrund windiger Gerüchte, er habe Kontakte zum Kölner Homosexuellen-Milieu, von Verteidigungsminister Wörner frühzeitig in den Ruhestand geschickt worden. Bald zeigte sich: Die Gerüchte waren falsch. Haarsträubendes Affärenmanagement; ein Minister, der mit dubiosen Mitteln den Ruf seines Untergebenen schädigte, um selbst seinen Kopf aus der Schlinge zu ziehen; dazu das Ressentiment gegen Homosexuelle, mit dem die ganze Affäre

grundiert war – was für ein Stoff für Fischers Auftritt! Erst breitete er genüßlich die Informationen aus, die dazu geführt hatten, daß der General geschaßt worden war: Händchenhalten im Nato-Hauptquartier; Berichte von »einem sich öffnenden Bademantel und der Manipulation am Genital«; die fehlende Heiratsurkunde. Dann spielte Fischer die panischen Reaktionen der politischen Führung durch, die Schande für die Bundeswehr, den »Anschlag auf die sittlich-moralischen Grundlagen unserer Demokratie«, die Gefährdung der Abschreckungsdoktrin: »Wie hätte man denn dagestanden vor dem

Auf dem Weg zum Rednerpult. Fischers Auftritte im Bundestag lassen schon früh Wehnersche Debattenqualitäten erahnen.

Warschauer Pakt – mit einem schwulen stellvertretenden Oberkommandierenden? Hätten die Russen da noch an Abschreckung geglaubt?« fragte Fischer im Ton staatspolitischer Besorgnis. So ging das in einem fort. Auf der Regierungsbank schlugen die Kaskaden aus Hohn und Spott über dem erstarrten Wörner zusammen. Die Oppositionsabgeordneten konnten sich vor Lachen nicht mehr halten, die Unionsfraktion wechselte von lauter Empörung in peinliche Lähmung und zurück. Und dann – »nach dem Wachsfigurenkabinett des Dr. Kohl« – wandte sich Fischer auch noch dem Kanzler persönlich zu: »Hätte man uns doch gleich gesagt, was diese Koalition unter geistig-moralischer Wende versteht. Wer von uns hätte sich jemals dieses pfälzische Gesamtkunstwerk vorzustellen vermocht, welches in barocker Opulenz so langsam versumpft.« Mit dieser Rede war Fischers Ruf als böse-brillanter Parlamentsprovokateur endgültig gesichert.

Gar nicht lange zuvor hatte er seine Frankfurter Freunde von der »Bürgerinitiative Chaos« kritisiert, die mit dem grünen Parlamentarismus liebäugelten, nur weil sie sich nach einer neuen Bühne für Spaß und Provokation sehnten. Aber war es nicht genau das, was er nun selbst mit großer Resonanz betrieb, die Fortsetzung des Spontitums auf neuem Terrain? Fischers Darbietungen knüpften jedenfalls nahtlos an seine Frankfurter Zeit an. Das Gefühl, den anderen mit seiner gnadenlosen Unverschämtheit Respekt abzunötigen, beflügelte ihn. Seine rhetorischen Tiraden waren oftmals treffsicher, manchmal einfach nur derb. Dann nannte er den amtierenden Parlamentspräsidenten »ein Arschloch« – »mit Verlaub« – und flog aus dem Saal. Und die unerbittliche Penetranz, mit der Fischer während Kohls Regierungserklärung zur Raketenstationierung den Kanzler mit Zwischenrufen attackierte, ließ manche Beobachter schon früh Wehnersche Debattenqualitäten erahnen.

Dennoch darf man Fischers unparlamentarisch wirkende Auftritte nicht als Versuch mißverstehen, das Parlament ad absurdum zu führen, sie waren seine Art, es sich zu erobern – eine paradoxe Form der Anpassung. So wie selbst in seiner harten Rebellenzeit eine bürgerliche Tonspur mitgelaufen war, so ließ er nun den Rebellen noch eine Weile durchklingen, während er schon mit voller Kraft an seiner Ausbildung zum parlamentarischen Berufspolitiker arbeitete. Bei Wolfgang Schäuble, damals parlamentarischer Geschäftsführer der CDU, lernte er mit Fleiß das Geschäft: Wie bringt man Anträge ein, wie

Großer Zapfenstreich und ein sich öffnender Bademantel. Mit seiner Rede zur Kießling-Affäre markierte Fischer einen der Höhepunkte des deutschen Nachkriegsparlamentarismus.

Parlamentarischer
Gangleader. Fischer
1984 im Bundestag.

trickst man bei der Tagesordnung, wie manipuliert man den Ältestenrat? Zu dieser Lehrzeit lief Fischer oft unrasiert herum, mit einem
Nadelstreifenjackett vom Flohmarkt und einem T-Shirt, auf dem man
überdeutlich lesen konnte, was sein Outfit ohnehin schon sagte:
Clochard. Heute würde man das ein »Fashion-Statement« nennen.
Fischer war dem Schicksal des Clochards glücklich entkommen. Und
noch die Verkleidung brachte ihm die Aufmerksamkeit, die ihm half,
sich auf der politischen Bühne zu etablieren, ein angehender Medien-
star auf dem Weg zum Berufspolitiker. Bonn war nach Frankfurt
Fischers zweite Eroberung. Erneut vollzog er sie aus der Position dessen, der zugleich drinnen und draußen steht: Fischer pflegte den
Gestus des Outsiders, um Insider zu werden.

Und gerade jetzt verbannte ihn die Partei von der großen Bühne.
»Rotation« hieß das basisdemokratische Zauberwort, mit dem die

Grünen der »Verbonzung« ihrer Partei entgegenwirken wollten. Nach zwei Jahren, so forderte es die Beschlußlage, mußten die Abgeordneten einem Nachrücker Platz machen. Natürlich kann kein gewählter Abgeordneter gezwungen werden, sein Mandat niederzulegen. Doch wer, außer einer Petra Kelly, hätte dem Druck der Basis standhalten können? Immer hatte Fischer seine eigenen Entschlüsse gefaßt, nun war es zum ersten Mal die Partei, die in die neu gefundene, aufregende Verbindung aus Politik und Leben eingriff und seinem Bonner Abenteuer ein Ende bereitete. Er war wütend und hilflos – eine Kombination, die er schwer erträgt. Aber er beugte sich. Im Frühjahr 1985 rotierte er aus dem Parlament heraus und wurde zum gefürchteten Gast in Bonner Kneipen. Wenn die Nachrücker abends nach getaner politischer Arbeit ein Bier trinken wollten, war Fischer schon da, um sie zu beschimpfen und zu verhöhnen: Was hatten sie nicht alles falsch gemacht, was hätte er nicht alles besser gemacht. Tatsächlich hatte die grüne Basis ihre Listen so zusammengewählt, daß mit den Nachrückern die zweite Garnitur zum Zuge kam. Fischers Urteil über die Basiskultur seiner Partei war damit gesprochen.

Die Welt als Wille ohne Vorkenntnis –
Minister in Hessen

Am 12. Dezember 1985 wurde im Hessischen Landtag ein grüner Minister vereidigt. »17 Jahre Marsch durch die Institutionen. Einer kam durch«, erinnerte ein Plakat an Rudi Dutschkes legendäre Parole von 1968. Durchgekommen war Joschka Fischer. Durchgekommen waren an diesem Tag erstmals auch die Grünen. Sie waren nun an der Macht beteiligt, schneller, als vielen von ihnen lieb war. Fünf Jahre zuvor hatte sich die Partei als politischer Arm der Friedens- und Ökologiebewegung und als Gegenreaktion auf eine technik- und fortschrittsgläubige Sozialdemokratie gegründet – mit der sie nun eine gemeinsame Regierung bildete. Ob ein solch widersprüchliches Bündnis den einzig gangbaren Weg weist, auf dem grüne Politik realisiert werden kann, oder ob es umgekehrt den Verrat an den grünen Überzeugungen einleitet – diese Frage sollte die Partei über Jahre hinweg beherrschen.

Auf dem berühmten Foto, das Joschka Fischer zeigt, wie ihm Ministerpräsident Holger Börner den Amtseid abnimmt, wirkt der Sieben-
unddreißigjährige im Tweed-Jackett ein bißchen schmächtig, jedoch
schon ganz manierlich. Nichts erinnert an seine bewegte politische
Vergangenheit. Selbst Fischers leuchtend-weiße Turnschuhe – längst
eine Art Reliquie der Versöhnung zwischen der tolerant gewordenen
Republik und ihrer vernünftig gewordenen Protestgeneration – mu-
teten schon damals wie eine wohlkalkulierte, eben eine vertretbare
Grenzüberschreitung an. Eher ein Zitat als eine wirkliche Provokation, sind sie dazu da, dem Überraschenden und Widersprüchlichen
des »historischen« Moments zum Ausdruck zu verhelfen. Das ist viel
verlangt von einem Paar Turnschuhen. Während die zum Schwur
erhobene Hand dem Jungminister die Sphäre staatlicher Macht eröff-
net, transportiert sein Schuhwerk die augenzwinkernde Botschaft ans
Spontimilieu, er werde seine Herkunft niemals vergessen und sich kei-
nesfalls von der Macht korrumpieren lassen. Die Schuhe, eigens
gekauft für das Ereignis, hat Fischer dann nie wieder getragen. Sie
kamen recht bald an den Ort, für den sie von Anfang an bestimmt
waren: ins Museum.

Aus dem fundamentalistisch dominierten hessischen Landesverband
hatte Fischer mit Hilfe seiner Spontitruppen innerhalb von drei Jahren einen realpolitisch verläßlichen Unterstützerkreis gemacht. Im
Herbst 1982, als er der Partei seine Kooperationsstrategie mit den
Sozialdemokraten nahebringen wollte, beharrten die Grünen strikt
auf ihrem Oppositionskurs. Das trug ihnen nur ein Jahr später gravie-
rende Stimmenverluste ein. Dieser Schock erwies sich für Fischers
Programm als äußerst hilfreich. Noch einmal auf Verweigerung setzen, um noch einmal zu verlieren? Es war kein attraktives Angebot,
das die Fundamentalisten um Jutta Ditfurth der hessischen Partei
machten. Also bewegte diese sich auf Fischer zu. Zwei Jahre lang, zwischen 1983 und 1985, tolerierten die Grünen eine SPD-Minderheitsre-
gierung. Dann entschlossen sie sich zur Koalition. So wurde Fischer
»erster grüner Minister des Planeten«.
Auch Otto Schily, der neue Freund aus Bonn, wäre in Frage gekommen, um für die Grünen den historischen Schritt an die Macht zu tun.
Doch gerade weil er von seinem ganzen Habitus so gut auf den Mini-
stersessel gepaßt hätte, lag alle grüne Logik darin, daß Fischer den

Eher ein Zitat als
wirkliche Provoka-
tion: Fischers leuch-
tendweiße Turn-
schuhe bei seiner
Vereidigung zum
hessischen Umwelt-
minister 1985.

Posten übernahm. Nur er, nicht Schily, repräsentierte beides: den grünen Willen zur Macht und das Unbehagen daran. Wohlgemerkt, Fischer repräsentierte dieses Unbehagen – er empfand es nicht. Seine Biographie und der Habitus des Rebellen verschleierten auf grün-verträgliche Weise den Machtpolitiker.

Schon früh – und dann immer wieder – hat Joschka Fischer die »grüne Doppelmoral« gegeißelt. Aber kein anderer in der Geschichte der Grünen hat wie er – mit zynischem Blick und ohne ihr wirklich zu verfallen – diese Doppelmoral für sich zu nutzen gewußt. Wer sonst inszenierte und verdeckte zugleich den grünen Widerspruch aus Oppositionsgeist und Machtstreben, wer repräsentierte den Angriff auf alles Etablierte und zugleich die Sehnsucht danach; wer sonst verkörperte in den Anfangsjahren die grüne Lebenslüge des Outsiders als Insider und umgekehrt? Darin liegt ein Geheimnis seines Erfolges – zuerst in Frankfurt als intellektueller Militanter, dann bei den Grünen.

Ökologie gehörte bis dahin nicht gerade zu Fischers herausragenden Interessen. Nicht das Kernthema der Grünen hatte ihn in die Partei geführt, sondern die Aussicht auf ein neues politisches Betätigungsfeld – ein Kalkül, das nun auf geradezu wunderbare Weise aufgegangen war. »Seien wir doch ehrlich«, hatte er 1978 im ›Pflasterstrand‹ geschrieben: »Wer von uns interessiert sich denn für Wassernotstände im Vogelsberg, für Stadtautobahnen in Frankfurt, für Atomkraftwerke irgendwo, weil er sich persönlich betroffen fühlt? Sehen wir das nicht alles weniger von Interessen her als vielmehr von unserer linksradikalen Politidentität aus?« Ökologie als Vehikel für gescheiterte Politkader. So sah er es damals. Doch jetzt, im Vorgriff auf das neue Amt, fand er schon freundlichere Töne: »Auf der anderen Seite sind wir Ökologen, sind wir Anwälte der Umwelt, der Umweltinteressen, wie es das bisher in der politisch verfaßten Öffentlichkeit nicht als eigenständiges, machtpolitisches Gewicht gegeben hat.«

Die Frage war nur, wie er seine Aufgabe, rein praktisch, würde bewältigen können, ohne eine Ahnung von dem hochkomplexen Thema mitzubringen und ohne eine Vorstellung davon zu haben, wie eine Behörde funktioniert. In der Tat versetzte die Chuzpe, die in seinem Griff nach dem Amt steckte, damals die Beobachter in Erstaunen. Sogar Fischer selbst hatte ein wenig Verständnis für die öffentliche Skepsis, und so erklärte er, warum es mit ihm wohl doch klappen könnte: »Ich hätte mir die Aufgabe allerdings nicht zugetraut – ich bin von

Erschöpft vor dem Karrieresprung. Fischer auf dem Parteitag in Neu-Isenburg, kurz vor seiner Nominierung zum grünen Ministerkandidaten.

Hause aus kein Ökologe –, wenn ich keine Erfahrung im Deutschen Bundestag gemacht hätte. Dort habe ich auch von null angefangen, im Innenausschuß, als parlamentarischer Geschäftsführer, ein Jahr lang als Vertreter der Fraktion im Ältestenrat in der harten Aufbauzeit. Da habe ich eine relativ realistische Einschätzung von dem gekriegt, was ich kann und was ich nicht kann, auch wie lernfähig ich bin. Im Moment bin ich mit viel Fleiß dabei, mich in die Umweltpolitik Hessens hineinzuschaffen, durchzuwühlen. Seit etwa vier Wochen. Und das wird so anhalten bis Weihnachten.«

Bis er seine neuerworbenen Kenntnisse in der Praxis erproben konnte, mußte der Jungminister sich noch eine Zeitlang gedulden. Denn bevor es richtig losging im neugeschaffenen hessischen Ministerium für Umwelt und Energie, mußte es selbst, im elften Stock des Wiesbadener Finanzamtes, erst einmal aufgebaut werden. Über Wochen zog sich das hin, bis die Beamten aus den anderen Ressorts ihrem neuen Dienstherrn unterstellt waren. Gut, daß Fischer wenigstens wieder auf einige altbewährte Kräfte zurückgreifen konnte. Georg Dick beispielsweise hatte, schon bevor Fischer für sein neues Amt nominiert wurde, Bonn verlassen und in Wiesbaden Quartier bezogen. Auch hier diente er Fischer als Pressesprecher. Tom Koenigs, der alte Freund aus den revolutionären Kampfzeiten, leitete Fischers Büro. Und Raoul Kopania war ebenfalls zur Stelle. Er übernahm – wie drei Jahre zuvor im Bundestag – die technische Seite des Aufbaus. Wieder ging es um alles: Telefone, Schreibtische, Aktenordner – was die praktische Reformpolitik eben so erfordert. Und aus Rüsselsheim – vom früheren Arbeitgeber des Ministers – wurde nach einigen Verzögerungen der Dienstwagen angeliefert, ein Opel Kadett mit Katalysator.

Dann konnte er endlich loslegen. Aber was waren das für Probleme, mit denen er da konfrontiert wurde? Keine acht Wochen, da hatte sich Joschka Fischer schon in den Fallstricken realpolitischer Ökologiepolitik verheddert, und er begann, die Grenzen des Amtes zu erahnen: »Ich bin ein sterblicher Mensch, kein Magier«, bat er in der ›tageszeitung‹, ungewohnt bescheiden, um Verständnis. Nicht, daß ihn seine autodidaktischen Fähigkeiten verlassen hätten, die ungebremste Energie bei der Aneignung des nötigen Fachwissens. Nein, das hatte er sich, wie versprochen, längst »draufgeschafft«. Nur ging es jetzt nicht mehr um Theorie. Seit drei Jahren kämpfte er für die Chance einer grünen Reformpolitik im Bündnis mit der SPD. Und nun, wo

er sie realisieren durfte, stieß er an allen Ecken und Enden auf schier unlösbare Widersprüche.

»Müllprobleme, nichts als Müllprobleme«, summiert er später in seinem Regierungstagebuch die Not des Amtes. Die Grünen standen für eine Politik der radikalen Müllvermeidung. Für die Abfälle, die durch umweltgefährdende Produktionsweisen und ignorantes Verhalten der Verbraucher anfallen, fühlten sie sich nicht zuständig. Bis freilich eine Müllvermeidungsstrategie greifen könnte, würden Jahre ins Land gehen. Der grüne Umweltminister jedoch war vom ersten Tag an für Abfall aller Art zuständig. Wohin damit? Neue Deponien ließen sich kaum durchsetzen; der Müllexport war ebenfalls verpönt. An der deutsch-deutschen Grenze bei Lübeck demonstrierten Grüne für ein Ende des »Mülltourismus«, und in Wiesbaden saß der erste grüne Umweltminister und probte hinhaltenden Widerstand. Schließlich

Ministerlehrling. Keine Ahnung von Ökologie, keinerlei Kenntnis der Verwaltung, im Rücken die Fundis und vor sich das Scheitern.

105

exportierte auch Hessen damals einen Teil seiner jährlich 300 000 Tonnen Sondermüll in die DDR. Was tun?

An ein kurzfristiges Ende der Exporte sei »nicht zu denken«, erklärte der Minister. Und versprach: »Wir werden hier in Hessen versuchen, Lösungen zu finden.« Aber welche? Im hessischen Mainhausen wartete eine Sondermülldeponie auf ihre Inbetriebnahme; dagegen kämpften aber die Grünen, obwohl Fischer jetzt langsam zu ahnen begann, daß die Alternative zum Export nur die Lagerung im Lande sein konnte. So präsentierte es sich also dem Realpolitiker, das Dilemma grüner Reformpolitik – als Müllberg. Nur die Basis sah da noch einen Ausweg: Durch die Verstopfung der Abfallkanäle wollte man Druck auf die Chemieindustrie ausüben. Das wiederum hätte der SPD, die traditionell der Arbeitsplatzsicherung Priorität einräumt, gar nicht gefallen. Und auch der Minister ahnte schon etwas von der Macht der Chemieindustrie im Land: »Wenn man weiß, mit welchem Gegner man es hier zu tun hat, dann ist klar, daß alles sorgfältig vorbereitet und geprüft werden muß.«

Das alles klang ein wenig zahm und unsicher, gemessen an dem, was man bislang von ihm über »radikale Reformpolitik« zu hören bekommen hatte – daß man mal versuchen wollte, »mit den Herrschenden Schlitten zu fahren«, beispielsweise. An der Realität des neuen Amtes prallten seine frühen Realo-Sprüche einfach ab. Und wie blank seine Nerven lagen, zeigte ein Ausfall gegenüber einem allzu hartnäckigen Interviewer der befreundeten ›tageszeitung‹: »Was erwartest du von einem grünen Minister nach acht Wochen Amtszeit? Ich versuche die Scheiße im wesentlichen einigermaßen so hinzubekommen, daß hier nicht alles aus dem Ruder läuft.« Davon, daß ihm das gelingen könnte, schien der angekratzte Minister-Novize selbst nicht recht überzeugt.

Doch es blieb nicht bei Müllproblemen. Am 26. April 1986 ereignete sich im ukrainischen Tschernobyl der bislang verheerendste Unfall in der Geschichte der zivilen Nutzung der Atomkraft. Der GAU, der »größte anzunehmende Unfall«, vor dem die Umweltbewegung immer gewarnt hatte, war eingetreten. Seine Folgen machten an den Grenzen nicht halt. Eine radioaktive Wolke zog über Europa, die Strahlenwerte stiegen. Die Bevölkerung, besonders in der Bundesrepublik, reagierte ängstlich und hochverunsichert auf die unheimliche Bedrohung, und über Nacht fand die Forderung nach einem Ausstieg aus der Atomenergie auch in Kreisen, die sich bislang für das urgrüne

Thema nicht sonderlich interessiert hatten, breite Unterstützung. Der grüne Alarmismus, er wurde plötzlich populär.

Alles schaute auf Fischer. Der war allerdings weder für die hessischen Atomanlagen noch für den Strahlenschutz zuständig. Zudem hielten sich die Irritationen bei der SPD, mit der er grüne Reformpolitik betreiben wollte, in Grenzen. Hessens Wirtschaftsminister Steger forderte die Grünen auf, lieber in der Sowjetunion für sichere Reaktoren zu demonstrieren. Und in einer Regierungserklärung Anfang Mai bezeichnete Ministerpräsident Holger Börner die Atomanlagen im Lande als unbedenklich; es gebe keinen Grund, weshalb Hessen seinen Atomkurs ändern sollte. Der »erste grüne Minister des Planeten« saß schweigend auf der Regierungsbank. Was er dachte, vertraute er sei-

Habe die Ehre. Der frischgebackene Umweltminister Fischer beim Neujahrsempfang der Industrie- und Handelskammer Frankfurt 1986 im Plausch mit der hessischen Bourgeoisie.

nem politischen Tagebuch an: »Die hessische SPD marschiert getreulich weiter in Richtung Atom – in einer Koalition mit den Grünen –, während in der Ukraine das atomare Feuer immer noch brennt.«

Fischers Schweigen wurde in der aufgeheizten innerparteilichen Debatte um Reformpolitik oder Radikal-Opposition von seinen Gegnern als sinnfälliger Beweis für den Opportunismus der Realpolitiker angeführt; die ›tageszeitung‹ titelte: »Grünen-Minister Fischer kuscht vor SPD«. Fischer behauptete, er habe deshalb nicht das Wort ergriffen, weil das wohl den Koalitionsbruch bedeutet hätte. Den aber könne allein die Parteibasis beschließen. Ausgerechnet er, dessen Verhältnis zur Basis ja nicht ungetrübt war, versteckte sich jetzt hinter ihrer Entscheidungshoheit. Man hatte ihn schon überzeugender argumentieren hören.

Der grüne Minister blieb sanft, seine Partei aber reagierte um so radikaler. Daß sich mit der Katastrophe in Tschernobyl ihre schlimmsten Befürchtungen bewahrheitet hatten, versetzte die Grünen in einen Zustand alarmistischer Euphorie. Statt jedoch die Beunruhigung und den Stimmungsumschwung in der Bevölkerung aufzunehmen und in Zustimmung für das grüne Projekt zu verwandeln, feierten sie sechs Wochen nach dem Reaktorunfall auf ihrem Parteitag in Hannover ein wahres Radikalismus-Festival. »Wer den Ausstieg diskutiert mit dem Ziel, Zeit zu schinden, um die sofortige Stillegung zu verhindern, ist unser politischer Gegner«, warnte Jutta Ditfurth ihren hessischen Parteifreund. »Ausstieg jetzt, ohne Verhandlungen!« forderte Petra Kelly unter dem tosenden Beifall des Saales. »Ob Petra die Pfoten bereits am Abschalthebel hat oder lediglich nach sattsam bekannter Manier das Maul wieder einmal schrecklich vollnimmt?« fragte der Minister. Doch ein bißchen radikal wurde dann auch er: Wenn bis zum Ende des Jahres in Hessen »kein grundsätzlicher Schritt hin in Richtung Ausstieg – und zwar nicht Ausstieg '93, sondern in einem nachprüfbaren Zeitraum, der jetzt beginnen muß – wenn wir das bis Ende dieses Jahres nicht hinbekommen, dann heißt das für mich auch ganz persönlich, daß ich diese Sache nicht mehr tragen kann, und da bin ich im Wort.« Man würde sehen.

Die Grünen jedenfalls hatten die Chance in ein Desaster verwandelt. Das Echo auf den Parteitag war verheerend, einen Monat später kam die Quittung. Mit 7,1 Prozent blieb die Partei bei den Wahlen in Niedersachsen weit hinter den Erwartungen zurück, die sie sich nach

Strahlende Aussichten. Die Reaktorkatastrophe von Tschernobyl hätte den Grünen nützen können. Doch der Hannoveraner Parteitag geriet zum bloßen Radikalismus-Festival. Der Machtwechsel in Niedersachsen wurde verpaßt.

dem Atomunfall hatte machen dürfen. Rot-Grün verfehlte die Mehrheit um ein Mandat. Fischers hessisches Koalitionsprojekt blieb weiterhin ein Sonderfall.

Und auch das lief zusehends schlechter. In Hannover hatte Fischer den Einstieg in den Ausstieg oder das Ende der Koalition angekündigt. Sein Regierungspartner ließ sich allerdings durch diese Drohgebärde nicht aus der Ruhe bringen und schlug statt dessen ein neues Kapitel seiner Atompolitik auf. Vermittelt von Otto Schily, dem er noch heute dafür dankbar ist, hatte Fischer bei dem Hannoveraner Rechtsanwalt Geulen ein Gutachten über die Hanauer Nuklearbetriebe in Auftrag gegeben. Das Ergebnis ließ für Fischer nichts zu wünschen übrig: Die Anlagen, in denen unter laxesten Sicherheitsbedingungen hochgiftiges Plutonium verarbeitet wurde, waren illegal. Die Staatsanwaltschaft Hanau erhob daraufhin Anklage gegen drei hohe Beamte aus dem Wirtschaftsministerium sowie den Alkem-Geschäftsführer, und Fischer schien plötzlich noch einmal das Heft in der Hand zu haben. Doch was tat der Koalitionspartner? Er stellte eine rückwirkende Betriebsgenehmigung für die nach Fischer »gefährlichsten Schwarzbauten der Republik« in Aussicht, ein offenkundiger Bruch der Koalitionsvereinbarung. Im Januar 1987 waren die hessischen Realpolitiker an den Grenzen der Realpolitik angelangt.

Holger Börner, der einst das grüne Problem mit der Dachlatte lösen wollte, hatte also die politische Dachlatte hervorgeholt. Entsprechend lautstark eröffnete Fischer am 8. Februar 1987 seine Rede auf der grünen Landesversammlung in Langgöns: »Die historische Chance, eine rot-grüne Zusammenarbeit von Dauer zu führen, ist nicht nur vertan, sondern auch mutwillig kaputtgeschlagen von Holger Börner.« Dies, so prophezeite er, werde wohl sein »letzter Rechenschaftsbericht als Minister« sein, den er vor der grünen Basis ablege. Damit traf Fischer den Nagel auf den Kopf. Aber es war weder die grüne Basis, die sich zum Ende des ersten rot-grünen Experimentes entschließen konnte, noch ihr Minister. Es war Holger Börner, der – nachdem er die Koalition erst »mutwillig kaputtgeschlagen« hatte – nun auch ihr formelles Ende einleitete. Von Fischers aggressiver Langgönser Rede schloß Börner absichtsvoll auf dessen Amtsmüdigkeit und ließ ihm andertags per Boten das Kündigungsschreiben zustellen: »Ich nehme Ihr Rücktrittsangebot an. Bitte teilen Sie meinem Büro mit, wann Sie Ihre Entlassungsurkunde in Empfang zu nehmen gedenken.« Fischers Ant-

Deprimierte Realpolitiker. 1987 leitete die Landesversammlung der hessischen Grünen in Langgöns das Ende der ersten rot-grünen Koalition ein.

wort kam umgehend: »Ich nehme Ihr Schreiben vom heutigen Tag zur Kenntnis. Dort nehmen Sie meinen nichterklärten Rücktritt an. Ich stimme zu: Dies bedeutet faktisch meine Entlassung durch Sie, und es entspricht weder meiner Art noch der politischen Situation, mich jetzt hinter Verfassungs- und anderen Paragraphen zu verbergen.«

Die erste rot-grüne Koalition war zu Ende. Nicht Fischer, sondern der entnervte, gesundheitlich stark angeschlagene Ministerpräsident hatte den Schlußstrich gezogen. Doch Fischer, der stets nach der Maxime verfahren ist, nicht das Ereignis, sondern dessen Deutung sei im politischen Kampf das Entscheidende, schuf sich seine eigene Version und schlug aus der Niederlage politisches Kapital: »Ich habe eine Koalition beendet«, wird er später oft behaupten, wenn wieder einmal die Frage aufkommt, ob nicht die Macht allein der rote Faden sei, an dem er sich orientiere. Hat er nicht Prinzipienfestigkeit bewiesen? Oder ist er nicht zumindest bis ganz dicht an den Punkt gegangen, wo er sie hätte beweisen können? Das sind Feinheiten. Jedenfalls wußte Fischer bereits am Tag nach dem Scheitern der Koalition, worum es nun gehen mußte: um deren Neuauflage.

Allerdings war das nur der Reflex eines eingefleischten Machtpolitikers, der sich nicht geschlagen geben wollte: Als die hessischen Wähler Fischers Hoffnung erst einmal zunichte gemacht und die Opposition in die Ämter befördert hatten, zeigte sich der Ex-Minister doch erleichtert. Eine zweite Amtsperiode im unmittelbaren Anschluß hätte ihn umgebracht, bekannte Fischer später – und er meinte das im physischen wie im politischen Sinne. Der Dauerstreß im Amt – ohne eigene Erfahrung, aber auch ohne die Unterstützung einer regierungserprobten Partei – hatte Fischer viel mehr belastet, als der grüne Macho und Sonnyboy es sich hatte anmerken lassen. Schon weil er wußte, was mit dem hessischen Experiment für ihn, seine politische Zukunft und die seiner Partei auf dem Spiel stand, hatte er in seiner ersten Amtszeit keine Atempause gefunden. Hinzu kamen die Dauerprobleme mit einem im Grunde koalitionsunwilligen Regierungspartner und die hohen Erwartungen in den eigenen Reihen, die er selbst über Jahre geschürt hatte, um der Partei das Ja zur Koalition schmackhaft zu machen. Doch dann mußte er sich 14 Monate lang als überforderter Krisenmanager präsentieren – ohne Gestaltungsspielraum und fast ohne Einfluß. Die erste rot-grüne Koalition geriet zur Katastrophe, und später hat Fischer dieser Einschätzung nicht wirklich widersprochen. Aber darin, daß er das hessische Desaster nicht nur unbeschadet überstand, sondern es sogar nutzte, seinen Nimbus auszubauen. zeigt sich früh Fischers machtpolitische Virtuosität. Die würde er brauchen, denn jetzt eskalierte in der Gesamtpartei der Flügelkampf. Regieren oder opponieren, die Macht und ihr Preis – an diesem Thema haben sich die Grünen in ihrem ersten Jahrzehnt abgearbeitet, hysterisch, chaotisch und am Rande des Abgrunds. Joschka Fischer stand im Zentrum der Auseinandersetzung. Und am Ende sollte es wieder heißen: Einer kam durch.

Die Grünen werden hysterisch – Joschka Fischer und der Konflikt mit den Fundamentalisten

»Ich finde ein bestimmtes Maß an innerparteilichem Chaos sehr notwendig. Sosehr ich einerseits für Effektivität bin, so sehr bin ich andererseits auch für die Möglichkeit des antiautoritären Aufstandes als Korrektiv«, erklärte Joschka Fischer 1983. Und weder über einen Mangel an Chaos noch über fehlende antiautoritäre Aufstände konnte er sich in den folgenden Jahren bei den Grünen beklagen. Doch bevor das Chaos der Flügelkämpfe über die Partei hereinbrach, begann sie ihre antiautoritären Impulse mittels eines feingesponnenen basisdemokratischen Regelwerks auszuleben. Wer ein Parteiamt innehatte, durfte sich nicht um ein Parlamentsmandat bewerben, und wer ins Parlament gewählt wurde, mußte seinen Sitz schon bald wieder räumen, weil den Alternativen jede Form von Professionalisierung und individueller Machtentfaltung als Verrat am grünen Anspruch galt. Der Bezug zur Basis sollte nicht verlorengehen, man wollte nicht »abheben« wie die Altparteien. Und ohnehin sah die »Bewegungspartei« im Parlamentarismus nur das »Spielbein« ihrer politischen Aktivitäten. Die Grünen wollten nicht nur inhaltlich das ganz Andere, sie wollten es auch in ganz anderen Strukturen verwirklichen als die politische Konkurrenz: keine Hierarchien, keine Politprofis, keine Machtposition für einzelne. Zugespitzt ließe sich sagen, daß es den Grünen von Anfang an darum ging, einen wie Joschka Fischer zu verhindern.

113

Dabei waren es gerade die spektakulären Erfolge der Partei, die ihre
Ansprüche in Frage stellten. Die Grünen eroberten die Parlamente, sie
wurden zum politischen Machtfaktor, aber sie erreichten dies nicht
als anonyme Organisation, allein mit der Schubkraft der sozialen Bewegungen, sondern auch durch den Einsatz, die Überzeugungskraft
und die Ausstrahlung ihrer prominentesten Köpfe – derjenigen also,
die es nach dem strengen Selbstverständnis der Partei gar nicht geben
durfte. Erst ignorierten, dann kultivierten die Grünen diesen Widerspruch. Sie profitierten von Petra Kelly, Otto Schily, Antje Vollmer oder
Joschka Fischer, und sie bekämpften sie zugleich mit allerlei Schika-
nen. Daß eine Partei aus grau-grünen Funktionären auf Dauer nicht

bestehen könnte, wollten die Grünen lange nicht wahrhaben. Nur in der Praxis stellten sie sich schnell darauf ein: Kein grüner Kreisverband, der die ungeliebten Promis nicht gern für den Wahlkampf buchte. An den Vorlieben der Mediendemokratie und ihren eigenen Erfolgswünschen kam die Partei ebensowenig vorbei wie an der Durchsetzungskraft derjenigen, die entschlossen waren, auch unter basisdemokratischen Zwangsbedingungen ihren Weg nach oben zu suchen.

Natürlich konnten die Grünen ihre profiliertesten Vertreter zurück ins Glied beordern – Joschka Fischer zum Beispiel, dessen Bonner Karriere 1985 durch das Rotationsprinzip vorläufig beendet worden war. Und dennoch zeigte sich gerade an seiner Entwicklung die Machtlosigkeit der Basis gegenüber dem Charisma und dem Machtwillen eines einzelnen. Da konnte die Partei noch so treuherzig von der »Gemeinschaft, die keine Hierarchien besitzt«, schwärmen – schon die Erfahrungen der ersten Bonner Legislaturperiode hatten solche Glaubenssätze als naiv, wenn nicht als verlogen enttarnt. Denn selbstverständlich war es der kampferprobte, machtbewußte Joschka Fischer und nicht etwa die naturschutzbegeisterte Rentnerin Christa Reetz, der das Parlament zur wirkungsvollen Bühne machte und dem die nationalen Medien offenstanden, seine politischen Vorstellungen unter die Leute zu bringen. Damit erkämpfte er sich nicht nur Einfluß, sondern auch die herausgehobene Position, die zum Sprungbrett für die nächste Karrierestufe wurde – Rotation hin oder her. Die Partei sah es mit Unbehagen. Und gleichzeitig mit leisem Stolz. Erst dieser innere Zwiespalt, nicht Fischers vehementer Machtwille allein ermöglichte ihm den Aufstieg in einer aufstiegsfeindlichen Partei. Hätten die Grünen wirklich gewollt, sie hätten ihn vielleicht stoppen können. Aber sie wollten eben nicht, zumindest nicht so sehr, daß sie ihren eigenen Erfolg damit gefährdet hätten. So durfte Fischer Karriere machen, begleitet vom Mißmut und halbherzigen Widerstand einer Partei, die ihm noch lange mißtraute, die ihn schon heimlich bewunderte und die dann irgendwann vor ihm kapitulierte.

Kaum ein Grüner hat die negativen Folgen der Basisdemokratie so früh erkannt und scharfsinnig kritisiert wie Joschka Fischer. Kein Wunder, könnte man sagen, denn schließlich erschwerten ihm die kleinlichen Regeln den Weg nach oben. Doch die Sache liegt komplizierter, als es auf den ersten Blick erscheint. Denn Fischers frühe Kri-

Fast rauschhaft inszenierten die Grünen ihren basisdemokratischen Anspruch. Fischers Aufstieg zum heimlichen Parteichef verhinderten sie nicht.

tik an den Parteistrukturen läßt sich heute als Warnung vor einer Karriere verstehen, wie er selbst sie gemacht hat. Von Beginn an war ihm klar, daß die grüne Fiktion einer hierarchiefreien Gemeinschaft von Gleichen unter Gleichen nur dazu führen würde, daß die tatsächliche Ungleichheit der Akteure unkontrolliert und indirekt zum Tragen kommen würde. Die Basisdemokratie, wußte Fischer, führt zu »einer Schwächung der formellen Parteistrukturen zugunsten informeller Machtintervention«. Und machtfeindliche Regeln verhindern nicht, daß starke einzelne sich durchsetzen, sie fördern nur eine besonders undurchsichtige, perfide Form von Vorherrschaft. Auf der basisdemokratischen Bühne waren alle gleich, hinter den Kulissen aber herrschten Anarchie und Darwinismus, was den Geduldigsten und Härtesten zugute kam. Machterwerb durch Camouflage – mit dieser Methode bauten die versiertesten Strategen unter den Grünen ihre Einflußsphären immer weiter aus. Eine ganze Weile lang hielten sich die sogenannten Strömungsfürsten untereinander in Schach; sie beherrschten mit ihren Kämpfen die Partei und richteten sie fast zugrunde. Nach 1990 dann, mit dem Sieg der Realpolitiker im Flügelkampf, wurde die Stellung ihres Anführers unangreifbar: Joschka Fischer war jetzt der unumschränkte Anarch, nach dem die grüne Anarchie sich insgeheim immer gesehnt hatte. So fand die Basisdemokratie in Fischer ihre Erfüllung – als das Gegenteil dessen, was sie mit all ihrer hilflosen Verbissenheit hatte erreichen wollen.

Prominente unterschiedlichster Richtungen haben im Laufe der Jahre das Mißtrauen der Partei geweckt. Es traf die Ur-Grüne Petra Kelly genauso wie den Un-Grünen Otto Schily, einfach deshalb, weil Prominenz als politisch unerwünscht galt – von Mißgunst und Neid einmal ganz abgesehen. Doch höchste Gefahr für das grüne Selbstverständnis war dann im Verzug, wenn prominente Grüne ihre Stellung auch noch dazu nutzten, politische Vorstellungen zu verbreiten, die dem Mehrheitskonsens der jungen Partei zuwiderliefen. Und in dieser Situation befand sich bald Joschka Fischer, der die Rolle des Dissidenten auf exponierte Weise spielte.

Alle Strömungen, die sich in der jungen Partei zusammengefunden hatten – Wertkonservative, Radikalökologen, Pazifisten und ehemalige Linksradikale –, verband der Widerstand gegen ein naturzerstörendes Industriesystem und die friedensgefährdende Ost-West-Konfrontation. In ihrem Kampf gegen diese Jahrhundertgefahren stützten sich die Grünen auf die unterschiedlichen Protestbewegungen, deren Mobilisierungskraft sie bis in die Parlamente getragen hatte. So saß die Partei mit dem systemoppositionellen Anspruch plötzlich im politischen Zentrum, das sogleich anfing, sie zu vereinnahmen. Zuerst überdeckten die Grünen diesen Widerspruch mit einem missionarisch anmutenden Moralismus. Sie waren da, sie waren anders, und sie wollten das ganz andere. Unbedingt. Bald aber stand die Partei vor der Frage, wie sie ihren Einstiegserfolg politisch nutzen wollte. Würde es reichen, den Protest nur lange und laut genug durchzuhalten, um dem System eine andere Richtung zu geben? Würde es genügen, die Prinzipien zu verteidigen, um die eigenen Ziele durchzusetzen? Joschka Fischer, der jahrelang erfolglos in einer radikalen Protestbewegung aktiv gewesen war, hatte das von Anfang an entschieden bestritten: »Die grüne Fundamentalopposition will ihren Geburtsfehler nicht zur Kenntnis nehmen: Sie träumt nach wie vor von einer wie auch immer gearteten Revolution, welche sie als solche zwar nicht mehr bezeichnet, wohl aber beständig meint«, kritisierte Fischer. »Sie formuliert eine radikale Politik, welche ohne Revolutionstheorie und revolutionäre Praxis zu einem rigiden Moralismus und bloßer Prinzipienreiterei verkommt; sie betreibt Parlamentarismus, ohne ihn eigentlich, dem eigenen Selbstverständnis nach, betreiben zu dürfen, repariert am System, ohne reparieren zu dürfen, und kommt daher in den Parlamenten nie über den Punkt hinaus, welchen man, frei nach Clausewitz, als die Fortsetzung der Demonstration mit parlamentarischen Mitteln bezeichnen könnte.«

In dieser frühen Kampfansage an die Mehrheitsströmung seiner Partei hallt Fischers Marx-Studium noch deutlich nach. Und wie bei den Klassikern eigentlich schon die Analyse der »objektiven Widersprüche« die Unhaltbarkeit der gegnerischen Position demonstriert, so geriert sich auch Fischer – bis heute – als eine Art Erfüllungsgehilfe objektiv notwendiger Tendenzen. Weniger bescheiden formuliert: Joschka Fischer handelt in dem Bewußtsein, daß er die historische Notwendigkeit auf seiner Seite hat. Das gibt ihm die Selbstsicherheit, mit der er seine Perspektive bei den Grünen verfolgt. Auch sein Fatalismus, mit dem er die wenigen Höhen und die vielen Tiefen des innerparteilichen Richtungskampfes überstand, rührt daher. Nicht daß er seine Niederlagen gelassen ertragen hätte. Immer wieder hat man ihn ratlos, verzweifelt und wütend auf eine Partei erlebt, die sich seiner Strategie hartnäckig verweigerte. Und dennoch bewahrte er sich über die Chaosphase der Grünen hinweg die oft anmaßend zur Schau gestellte Gewißheit, daß er sich, im Bündnis mit den Verhältnissen, am Ende doch durchsetzen würde.

Fischers Schlüsselerfahrung im innerparteilichen Strömungskampf war sein Siegeszug in Hessen, wo er innerhalb von nur drei Jahren einen fundamentalistisch dominierten Landesverband zur Koalitionsbereitschaft gebracht hatte. Zuerst waren die Spontis, agitiert von Daniel Cohn-Bendit, den hessischen Grünen beigetreten, und in der Presse nutzte Fischer seine in Bonn gewonnene Publizität, um die »Verweigerungshaltung« seiner Gegner anzuprangern – mal ironisch, mal resignativ, bitter oder mit wütender Schärfe, jedenfalls ununterbrochen. Diese realpolitische Dauerpredigt zeigte nicht zuletzt deshalb Wirkung, weil die Strategie der fundamentalistischen Fraktion im hessischen Parlament von Monat zu Monat schwerer zu erkennen war. Es gab eine rechnerische Mehrheit für eine rot-grüne Zusammen-

Grüne Kontrahenten
der achtziger Jahre:
der Ökosozialist
Thomas Ebermann
und Joschka Fischer.

arbeit, aber sie wurde aus prinzipiellen Erwägungen nicht realisiert. Und während Fischers realpolitischer Kurs eine grüne Regierungsbeteiligung und damit Einfluß versprach, geriet das folgenlos-laute Oppositionsgehabe seiner Gegner bald unter Begründungszwang. Die beginnende Verzweiflung des grünen Fundamentalismus kam wohl nie drastischer zum Ausdruck als in der Aktion des hessischen Landtagsabgeordneten Frank Schwalba-Hoth, der einen amerikanischen General im Wiesbadener Landtag mit Blut bespritzte, um so gegen die amerikanische Rüstungspolitik zu protestieren. Es waren solche radikalen Hilflosigkeiten und die frustrierten Wähler, die den Realos um Fischer zum Durchbruch verhalfen.

Der Kurs der Kooperationsverweigerung reduzierte den Stimmenanteil der Partei innerhalb eines Jahres von 8 Prozent im September 1982 auf 5,6 Prozent bei den Neuwahlen 1983. Ein stärkeres Argument, es nun einmal mit seiner Strategie zu versuchen, konnte sich Fischer kaum wünschen. Immer wieder hatte er seine Partei davor gewarnt, daß die Wähler die grüne Erfolgssträhne beenden würden, wenn die Partei ihre neugewonnene Macht nicht für eine aktive Reformpolitik nutzte. In Hessen bewahrheitete sich diese Prognose, und der Partei, die sich von Fischers Drohung nicht hatte beeindrucken lassen, fuhr der Schrecken in die Glieder. Mit einem Schlag war die

Fundis im Zenit. Jutta Ditfurth und ihre linken Führungskollegen nach der Wahl auf dem Duisburger Parteitag 1987.

Vorherrschaft der Fundamentalisten in Hessen gebrochen. Aber angeheizt durch die hessische Entwicklung, die einem Teil der Grünen als »Sündenfall« erschien, verlagerte sich der grüne Strömungskonflikt nun auf die Bundesebene. Fünf Jahre lang stand die gesamte Partei unter dem Bann dieses Machtkampfes.

Seine besondere Note erhielt er durch die persönliche Feindschaft zwischen Jutta Ditfurth und Joschka Fischer. Als die grüne Fundamentalistin noch den hessischen Landesverband beherrschte, hatte sie die Realpolitiker rücksichtslos an den Rand gedrängt. Wer den »Fundis« nicht folgen wollte, wurde »fertiggemacht und mit dem großen moralischen Hammer gewaltfrei in den Boden gerammt« – so jedenfalls will es Joschka Fischer erlebt haben. Nachdem er selbst die Herrschaft bei den hessischen Grünen übernommen hatte, kam dann der realpolitische Hammer zum Einsatz. Und so hatte Jutta Ditfurth, als sie sich 1986 um einen Listenplatz für den Bundestag bewarb, in ihrem Landesverband keine Chance mehr. Ihrem zweiten Versuch wenige Wochen später schickte Fischer einen höhnischen Kommentar hinterher: »Ausgerechnet im Städtchen Asperg in meiner württembergi-

Realos am Tiefpunkt.
Joschka Fischer
und Hubert Kleinert
(rechts) erweisen
»Kaiserin Jutta« ihre
Reverenz.

schen Heimat, zu Füßen der absolutistischen Zwingfeste der württembergischen Herzöge, erlebte Jutta von Ditfurth gestern ihr zweites
Fiasko. Sie hat sich in Asperg ein weiteres Mal um ein Bundestags-
mandat beworben und verloren. Oh, wo sind sie geblieben, all die fundamentalen Grundsätze, die hehre Moral: Die geringste Basisarbeit
wäre wichtiger als all das abgehobene Politikertum in Bonn! Und
nun? Nun reist man den Mandaten und Mehrheiten hinterher!« Nein,
es war nicht schön, Fischer zum Feind zu haben.

Doch in Hessen vertrieben, fand Fischers Intimfeindin schon bald
Asyl in der Bundespartei: als deren Sprecherin. Auf dem Duisburger
Parteitag im Frühjahr 1987 erreichte die Symbolfigur des grünen
Radikalismus den Zenit ihrer Macht. Zähneknirschend mußte Joschka Fischer zusehen, wie die gesamte Führungsspitze mit Vertretern
des linken Flügels besetzt wurde – »eine geile Truppe«, freute sich der
grüne Fraktionschef im Bundestag, Thomas Ebermann. Aller Promi-
skepsis zum Trotz wurde Jutta Ditfurth von ihrer Partei frenetisch
gefeiert. Nun war sie der Star der Grünen. Der ›Spiegel‹ widmete ihr
eine Titel-Geschichte, und Fischer mußte sarkastisch konzedieren:
»Jutta ist jetzt die Kaiserin.«

Der gestürzte Minister hingegen hatte sich mit der bescheidenen Rolle eines Oppositionsabgeordneten in der Provinz zu begnügen. Mit der hessischen Koalition war die rot-grüne Machtperspektive verschwunden, die Bundespartei gab sich, befreit von Bündnissorgen, ihren radikalen Impulsen hin, und Fischer sah sich von einer schrecklichen Vision heimgesucht: »Vierzig Jahre CDU, das will mein Hirn so nicht stehenlassen.« Ein Weg, wie er dem Alptraum begegnen könnte, war nicht in Sicht.

Mitte 1987 befand sich der Realo-Stratege also wieder einmal an einem politischen Tiefpunkt. Zwar gab er im Wiesbadener Landtag – wie später in Bonn – souverän den heimlichen Oppositionsführer; den Fraktionschef der SPD stellte er spielend in den Schatten und antwortete nur dem Ministerpräsidenten – mit einfachen Kabinettsmitgliedern ließ er sich gar nicht erst ein. Nach wie vor war er die zentrale Figur unter den Realpolitikern. Aber was bedeutete das jetzt? Als »Franz Josef Strauß der Grünen« charakterisierte ihn damals die Zeitschrift ›Wiener‹. War er dabei, sich zu einem herausragenden, ewig grollenden Vollblutpolitiker zu entwickeln, dem der Weg nach ganz oben versperrt bleiben sollte? Einer mit enormem Potential, der sich am Ende dennoch nicht würde durchsetzen können? Fast wirkte Fischer zu dieser Zeit, als wollte er sich erneut frustriert in die innere Emigration begeben.

Jedenfalls gewöhnte er sich an, den widerspenstigen Grünen seine Verachtung zu demonstrieren. Auf Parteitagen, wenn die Basis schon lange mit ihrem nervigen Geschäft begonnen hatte, kam irgendwann ein rötlich-gelber Hund in die Halle getrottet: Dagobert. Ihm folgte Claudi, Fischers Freundin. Erst mit einiger Verzögerung schlenderte dann, von Journalisten umringt, Joschka Fischer herein, eine Augenbraue hochgezogen, die rechte Hand tief in der Hosentasche, als krame er nach Kleingeld, um sich am nächsten Stand ein Bier und den ›Kicker‹ zu besorgen. Eine der herumliegenden Tageszeitungen tat es dann auch. Der genervte Großpolitiker setzte sich irgendwohin an den Rand der Veranstaltung und las, das Blatt weit ausgebreitet, mit demonstrativem Desinteresse an dem nichtig-lauten Treiben um ihn herum. Oder er verschränkte die Arme hinter dem Kopf, spreizte die Beine und wartete, bis der Spuk vorbei war. Nein, er mochte sie nicht wirklich, die Grünen.

Aber Fischer erlebte auch schöne Parteitage – einen zumindest, an

Fast eine Familie. Joschka, Claudia und Dagobert. Die Ehe scheiterte 1996.

den man sich, wie er seinerzeit schon vermutete, noch lange erinnern würde. Es war tatsächlich großes Theater, was sich da Anfang Dezember 1988 in Karlsruhe ereignete. Eine schwankende Parteiführung, die kämpfte, ohne schon den ganzen Ernst ihrer Lage zu erkennen, eine aufgewühlte Basis, deren Zorn von Stunde zu Stunde wuchs. Endlose Redeschlachten voller Verdächtigungen, Anfeindungen und Verwünschungen – ein »Blutbad«, wie es später hieß. Das Ganze gipfelte im kürzesten Antrag der grünen Parteigeschichte: »Möge der Vorstand zurücktreten? Ja oder nein?« Die Mehrheit sagte: Ja. Sie entzog damit Jutta Ditfurth und der gesamten Parteispitze das Vertrauen – ein Desaster für die Fundamentalisten, das ihren Untergang einläutete, für die Realpolitiker dagegen der erste große Sieg auf Bundesebene. »Eine Wende grüner Politik«, wie Joschka Fischer gleich erkannte.

Anlaß für den großen Eklat waren finanzielle Unregelmäßigkeiten um das parteieigene »Haus Wittgenstein«. Es ging um hinterzogene Steuern und Sozialabgaben – alternatives Sparen auf Staatskosten. Das allein hätte die staatsferne Partei wohl kaum auf die Palme gebracht. Der eigentliche Grund für den fundamentalen Kladderadatsch lag in der überheblichen Art, mit der Jutta Ditfurth und ihre Kollegen alle Kritik an sich abprallen ließen und zu einer Schmutzkampagne ihrer Gegner erklärten. Der Eindruck, daß sich mit den »Fundis« zuviel Selbstherrlichkeit an der Spitze festgesetzt hatte, gab am Ende den Ausschlag für ihren Sturz.

Noch Tage später geriet Joschka Fischer ins Schwärmen: »Wenn eine Partei mit solcher Begeisterung einen mehrfachen, gewaltfreien Königs- und Königinnenmord öffentlich vollzieht, so zeigt sich, daß sie aus demokratischem Urgestein besteht.« Die schockierten Fundamentalisten hingegen konnten sich ihre Niederlage nur mit der »Demagogie«, den »Diffamierungen« und der »Schäbigkeit« ihrer Gegner – der »Schmierenbande« der Realos – erklären. »Die Rechten«, wie sie jetzt genannt wurden, hätten »ein Klima haßerfüllten Jubels« in die Karlsruher Stadthalle getragen. »Wir Realos haben doch so oft verloren, ohne in Weinerlichkeit oder Beschimpfungsrituale zu verfallen«, säuselte Fischer. Rache ist eine Speise, die kalt genossen wird, lautet eine seiner Lieblingsmaximen.

Karlsruhe ist kein beliebiger Ort in der grünen Parteigeschichte. Hier, in der alten Stadthalle, hatte man sich knapp neun Jahre zuvor ge-

gründet und eine andere politische Kultur in Aussicht gestellt. In der neuen Stadthalle erreichte nun die Verbitterung der Grünen ihren Höhepunkt. Fischer war dennoch in einer Stimmung, »die als gut zu bezeichnen fast untertrieben wäre«, und machte bereits Pläne über den Tag hinaus: »Ich will Reformmehrheiten organisieren, die dann auf Bundesebene in den neunziger Jahren zum Tragen kommen, wenn die Restaurationsrepublik des Dr. Kohl zu Ende gehen wird.« Genau zehn Jahre würde es noch dauern, bis er diesen Sieg erringen sollte.

Doch zunächst folgten weitere Niederlagen. Im Frühjahr 1990, auf dem Parteitag in Hagen, scheiterten Fischer und Antje Vollmer mit ihrem Versuch, das Selbstverständnis der Grünen als das einer »öko-

Daniel Cohn-Bendit und Joschka Fischer langweilen sich furchtbar und demonstrativ auf einer Versammlung ihrer Partei.

logischen Bürgerrechtspartei« im Wahlprogramm festzuschreiben. Noch – vielleicht gerade jetzt, da der Sozialismus implodierte – wollte die Partei ihre Identität als explizit linkes Projekt bewahren. Der Vehemenz, mit der Fischers Realos zusammen mit dem »Aufbruch« um Antje Vollmer für ein neues Selbstverständnis gekämpft hatten, entsprach die Größe ihrer Niederlage. Fischer habe geweint, wird die ARD am Abend berichten. Er, der Profi, der Macho, der Zyniker? Das schrie förmlich nach einem Dementi vor den Delegierten. Noch klarer geriet Fischers Lagebeschreibung: »Machen wir uns doch nichts vor hier im Saale, der Zustand der Bundespartei – entschuldigt dieses Wort – ist extrem beschissen. Das wissen wir doch alle.« Das sollte nachhallen im Jahr der deutschen Einheit.

Fischer befiel die plötzliche Ahnung, daß es bei der nächsten Bundestagswahl für die Grünen womöglich nicht mehr reichen könnte. Aber zu oft schon hatte er seine Partei mit düsteren Prognosen konfrontiert. Und meist war die Gefahr, die er heraufbeschwor, nur die Drohkulisse für den Fall, daß seine Analysen wieder einmal nicht geteilt, seine Ratschläge nicht befolgt würden – ein rhetorischer Trick zur Durchsetzung der eigenen Ziele. Die Grünen jedenfalls hatten sich im Laufe der Jahre zu sehr an diese Kassandrarufe gewöhnt, als daß sie Fischers Warnungen jetzt, im Frühjahr 1990, hätten ernst nehmen wollen. Sie machten einfach weiter wie bisher: noch einmal Flügelkämpfe, Selbstzerfleischung, Egozentrik als parteiförmige Dauerveranstaltung.

Doch angesichts der Verhältnisse im Jahr der deutschen Einheit wirkte die grüne Routine geradezu grotesk. Plötzlich kam auf dramatische Weise zum Vorschein, wie weit sich die Partei, die einst ein Seismograph gesellschaftlicher Veränderung gewesen war, in den Bunker ihres überkommenen Weltbildes zurückgezogen hatte. Auf die atemberaubendste Entwicklung der deutschen Nachkriegsgeschichte reagierten die Grünen verunsichert und hilflos. Und diesmal traf der Vorwurf der Realitätsverweigerung nicht nur jene, die Fischer seit Jahren kritisiert hatte. Nun verharrte der grüne Meister des Wirklichkeitssinns selbst in mißlauniger Abwehrstellung gegenüber einem Geschehen, das sein politisches Weltbild erschütterte.

»Wir leben und machen Politik als Linke in einem Land, das die Gaskammern und Krematorien von Auschwitz-Birkenau errichtet und betrieben hat und das seinem Führer Adolf Hitler bis zur Selbstver-

nichtung treu gefolgt ist«, schrieb Fischer in der Woche nach dem
Mauerfall. Diese Vergangenheit sei der eigentliche Grund der deutschen Spaltung: »Vergessen wir das niemals.« Zwar ahnte er schon,
daß der »Einbruch der Geschichte in die Schrebergärtnerei der Bonner Parteien« alle deutschlandpolitischen Standpunkte in Frage stellen würde. Doch hielt er selbst an seiner eigenen Position fest. Mochte
man bis dahin bei Joschka Fischer vergeblich nach unverbrüchlichen
Überzeugungen gesucht haben – eine davon trieb die Entwicklung der
Jahre 1989/90 hervor: das aus historischer Schuld resultierende Wie-
dervereinigungsverbot, welches nur bei Strafe eines aggressiven deutschen Nationalismus mißachtet werden konnte. Diesmal also befand

Auf die atemberau-
bendste Entwicklung
der deutschen Nach-
kriegsgeschichte
reagierten die Grü-
nen mißmutig, defen-
siv und überfordert.

127

So funktioniert der Westen. Lange tat sich Fischer schwer mit der deutschen Einheit. Auch bei einer Podiumsdiskussion mit DDR-Oppositionellen eine Woche nach dem Fall der Mauer.

er sich nicht im Bündnis mit den objektiven geschichtlichen Tendenzen. Später wird er zugeben, daß seine Haltung zur deutschen Einheit ein schwerer Fehler war – einer der wenigen, wie er hinzufügt.

Während sich Fischer immerhin in klugen, differenzierten Abhandlungen darum bemühte, seine Position zu begründen, reagierten weite Teile der Partei mit schlichten »Nie wieder Deutschland«-Reflexen. Systemopposition, Antikapitalismus und sozialistische Restbestände – alles, was in den Flügelkämpfen immer wieder hervorgebrochen war, machte es den Grünen nun noch schwerer, die rasante Entwicklung zu verarbeiten. Zwar fügten sich Fischer und die Partei ins Unvermeidliche des Einheitsprozesses, aber es war nicht zu übersehen, daß sie das nur widerwillig taten. »Alle reden von Deutschland, wir reden vom Wetter« – mit diesem Slogan zog die Partei denn auch in die Bundestagswahlen. Mit ihm konnte sie ihren Unwillen über das alles beherrschende Thema bekunden und zugleich ihre Überforderung kaschieren. Locker, fast spontimäßig kam der Wahlslogan daher, doch der Souverän goutierte ihn nicht. Am 2. Dezember 1990, bei den ersten Wahlen im vereinten Deutschland, scheiterten die West-Grünen an der Fünf-Prozent-Hürde: Nach ihrem triumphalen Einzug in den Bundestag 1983 waren sie auf dem Tiefpunkt ihrer Entwicklung angelangt.

Für Joschka Fischer war es nun »fünf nach zwölf«. Zusammen mit Antje Vollmer trat er nach dem Wahldesaster in Bonn vor die Journalisten und verkündete die Alternative, die den Grünen noch bleibe: »Neubeginn oder Exitusverwaltung«.

Aber Fischers langer Marsch war nicht zu Ende, selbst wenn er nach dem Wahlschock entnervt gewesen sein mag und verbittert über eine Partei, die mutwillig ihre Existenz – und seine politische Perspektive – aufs Spiel gesetzt hatte. Damit wurde er fertig. Seine langjährigen Gegner dagegen hatten es schwerer: Sie sahen sich durch den Zusammenbruch des real existierenden Sozialismus mit einer politischen Entwicklung konfrontiert, die ihrem systemoppositionellen Bedürfnis endgültig den Boden entzog. Nicht, daß sie sich in der Vergangenheit positiv auf den Staatssozialismus bezogen hätten; gleichwohl schien mit dessen Verschwinden auch jede andere Alternative zum west-

Nach der Niederlage bei der Bundestagswahl 1990 kämpften Antje Vollmer und Joschka Fischer eine Weile lang gemeinsam für eine Erneuerung der Partei.

lichen System unrealistisch geworden. Die Mehrheit der Grünen begann das zu begreifen, die radikale Minderheit resignierte. Schon im Frühsommer 1990 hatten die Ökosozialisten Rainer Trampert und Thomas Ebermann die Partei verlassen, ein Jahr später, auf dem Parteitag in Neumünster, folgte auch Jutta Ditfurth.

Ein letztes Mal leisteten sich die Grünen hier einen Chaos-Parteitag großen, alten Stils, fast so, als wollten sie zeigen, mit welcher Verachtung sie dem Wählervotum trotzten. Wasserpistolen, Trillerpfeifen, Brüllorgien, aufgeregte Strömungstreffen, Spaltungsgerüchte – alles, was die Grünen sich selbst und der politisch interessierten Öffentlichkeit so lange zugemutet hatten, wurde noch einmal zur Aufführung gebracht. Antje Vollmer und Hubert Kleinert scheiterten bei den Wahlen. Und dennoch markierte Neumünster den Wendepunkt in Fischers persönlicher Parteigeschichte.

Noch öfter wird die Partei Fischer scheinbar die Gefolgschaft verweigern. Noch öfter wird es so aussehen, als sei sein realpolitischer Pragmatismus ein den Grünen wesensfremdes, unannehmbares Konzept,

Anfang der neunziger Jahre war Fischer mit einem Mal der einflußreichste Grüne.

als dominiere noch immer die Linke in der Partei. Aber das ist ab jetzt nur noch Schein, blasser Reflex der wilden Jahre, kaschierte Normalität. Von nun an ist es Fischer, der seiner Partei die großen Linien vorgibt, und sie folgt ihm – oft hinter der Wirklichkeit herhinkend, ohne die Leidenschaft und Kreativität, aber auch ohne die ruinösen Kämpfe der Vergangenheit. Fischer akzeptiert diese Dialektik des grünen Fortschritts, den schleppenden Gang, das paradoxe Bewegungsgesetz, nach dem er niemals siegen und sich schließlich doch durchsetzen würde. Aus der Sicht von 1991 war das nicht selbstverständlich. Den Zenit seiner Macht, auch bei den Grünen, hatte er noch nicht erreicht. Aber das Chaos hatte sich überlebt, und mit ihm waren die antiautoritären Aufstände verschwunden, denen Fischer einst, im Jahre 1983, noch grünen Charme hatte abgewinnen können.

Die gezähmte Partei – Fischer am Ziel

Oft im Leben von Joschka Fischer haben sich schwere Niederlagen als Glücksfälle erwiesen: Das Desaster des spontaneistischen Linksradikalismus war nicht das Ende, sondern der eigentliche Beginn seiner politischen Karriere. Der Bruch der rot-grünen Koalition in Hessen befreite ihn aus einer Zwangslage, stellte seine politische Glaubwürdigkeit wieder her und diente als Nachweis, daß selbst einem wie ihm die Macht nicht alles bedeutete. Schließlich beendete das Aus der Partei im Jahre 1990 den grünen Radikalismus und machte Fischer zur konkurrenzlosen Führungsfigur der Grünen. In dem Moment, in dem die Partei nicht einmal mehr im Bundestag vertreten war, wurde Fischers Strategie der Machtbeteiligung mehrheitsfähig. Lange hatten sich die Grünen gegen Fischers Dominanz und seine realpolitischen Zumutungen gewehrt. Nun, im Zeichen der Niederlage, akzeptierten sie beides.

Es war kein Triumph. Fast unmerklich vollzog sich die Wende in der Partei. Keine Blood-sweat-and-tears-Rede, bei der sie ihm zugejubelt, kein dramatischer Parteitag zum künftigen Kurs, bei dem sie ihn eindrucksvoll bestätigt hätten. Nichts davon. Viele Jahre hatten die Grünen im lauten, spektakulären Stellungskrieg zugebracht, ohne sich zu bewegen. Nun kamen sie auf Fischer zu, leise, fast passiv – kein Auf-

bruch, eher eine Kapitulation, über die sich die Partei keine Rechenschaft geben wollte. Fischers Sieg wurde beschwiegen. Doch schon jetzt gab es niemanden mehr, der ihm Paroli hätte bieten können. Statt mit Widersachern, deren Ziel sich am Ende darauf beschränkt hatte, sein realpolitisches Projekt zu torpedieren, bekam er es nun mit einer Linken zu tun, die schon in ihrem Namen das Programm zum Ausdruck brachte, das er von Anfang an gepredigt hatte: die Machtbeteiligung. »Regierungslinke« nannten sich seine neuen Partner, im Grunde verschämte Realos, die das nur nicht offen eingestehen wollten. Hier und da noch ein paar linke Akzente, hier und da noch ein paar radikale Klänge, das half beim Abbiegen. Doch auch die grüne Rest-Linke folgte jetzt den Kursvorgaben Joschka Fischers, stets mit einer Schamfrist, widerwillig, aber kalkulierbar.

»Politik ist Vergewaltigung oder Kuhhandel«, dieses Bonmot hat

Fischer immer wieder gern zitiert. Die Achtziger, das waren für die Grünen die verlorenen, ruinösen Jahre der Vergewaltigung. Nun also, unter Fischers heimlichem Vorsitz, brach die Zeit des Kuhhandels an. Einer umkämpften, also prekären Dominanz der Realos zog er das halbwegs berechenbare Arrangement mit den regierungswilligen Linken vor. Er wollte nicht auftrumpfen, er wollte sich durchsetzen. Es begann nun die Phase der zähen, glanzlosen Kompromisse im Zeichen des Burgfriedens, mit denen sich die Partei langsam seinem Ziel näherte. Aber letztlich war es jetzt auch ihr Ziel, wiewohl sie noch immer nicht wahrhaben wollte, was ihr an Zumutungen und Revisionen bevorstand. Die Grünen zu Beginn der neunziger Jahre waren eine potentielle Regierungspartei – im Stande der Ahnungslosigkeit.

Nun konnte man auch die sonderbaren Früchte der Basisdemokratie bestaunen. Die Partei hatte mit Ludger Volmer einen gewählten Vor-

Warnen. Angreifen. Gewinnen. Stets versucht Fischer Ton und Tempo zu bestimmen. Sein gestisches und mimisches Repertoire ist schier unerschöpflich.

sitzenden – und sie hatte Joschka Fischer, der nie für ein Parteiamt kandidiert hatte, dessen Machtposition zu keiner Zeit formell bestätigt worden war. Wer die beiden zusammen erlebte, kam gar nicht erst auf die Idee, Volmer habe das Sagen. Natürlich gehörte Streit weiterhin zum grünen Geschäft, erlebte Fischer zum Teil sogar empfindliche Schlappen, stolperten die Realos »von Niederlage zu Niederlage voran«, wie er es ausdrückte. Aber das bewegte sich im Rahmen der grünen Fortschrittslogik, in die Fischer immer nur dann eingriff, wenn er sein Fernziel ernstlich gefährdet sah. Solange das nicht der Fall war, durfte sich Volmer als Linker gerieren, die Sehnsüchte nach grüner Ursprünglichkeit befriedigen und Fischer damit den Rückhalt sichern, den dieser brauchte, um die Partei fast unmerklich auf Regierungsfähigkeit zu trimmen.

Volmer akzeptierte die Machtverhältnisse. Daß ihm gar nichts anderes übrigblieb, zeigte eine Szene, die sich im Frühsommer 1991 zutrug, ein paar Monate nachdem er an die Spitze gelangt war. In Babelsberg bei Berlin traf sich der grüne Länderrat zu seiner konstituierenden Sitzung. Es war Volmers erster Auftritt. Artig präsentierte er ein paar Vorhaben, in einer Ecke saß Joschka Fischer, schweigend und in der gewohnten Haltung mäßigen Interesses, mit der er demonstrierte, daß sich um ihn herum nichts Bedeutendes ereignet. Als Volmer geendet hatte, ergriff Fischer das Wort. Er ging nicht ins Detail. Ein Satz genügte, um Volmer vor versammelter Parteiprominenz seine Rolle zuzuweisen: »Wenn du deine Sache gut machst, wird das nicht umsonst sein, Ludger.« Es war eine atemberaubende Herablassung gegenüber Volmer und der Partei, die ihn gewählt hatte. Und es war schon eine Selbstverständlichkeit. Niemanden aus der Runde wunderte es, daß Fischer solche Versprechen machen konnte. Der Vorsitzende erfüllte offenbar Fischers Erwartungen, und der hielt Wort: Heute vertritt Ludger Volmer die Politik des Außenministers, die er früher, als Joschkas Lieblingslinker, noch kritisieren durfte.

Auch Volmers Nachfolger, Jürgen Trittin, wurde von Fischer auserkoren, bevor die Partei ihn wählen durfte. Zeitweilig sah man in ihm sogar einen echten Konkurrenten und Gegenspieler Fischers, was Trittin half, seine Autorität auf der linken Seite des grünen Spektrums zu sichern. Manchmal, so schien es, vergaß er die Regeln, überzog ein wenig die linke Agitationsnummer, verwechselte das Rollenspiel mit den realen Machtverhältnissen. Aber so, wie sich für die Partei heu-

Bulle und Buchhalter. Der Ministerpräsident (rechts) und sein kleiner Koalitionspartner (links) im Jahre 1991.

te die Regierungsbeteiligung als das ausschlaggebende Argument in schwierigen Entscheidungssituationen erweist, so wirkte damals schon die persönliche Karriereperspektive auf Fischers linke Partner höchst kompromißfördernd. Denn daß es nur mit Fischer zu einer rotgrünen Koalition in Bonn kommen könnte, daß nur er die wirklich wichtigen Entscheidungen treffen würde, das war, seit dieses Ziel ernstlich zur Debatte stand, gleichfalls eine pure Selbstverständlichkeit: für Fischer ohnehin, aber auch für die Öffentlichkeit, die SPD und die Grünen.

In Hessen begann 1991 Fischers zweite Lehrzeit in der Regierung. Als stellvertretender Ministerpräsident stahl er dem blassen Hans Eichel mühelos die Schau, und nebenbei konnte er die Legende von »seinem« prinzipienfesten Koalitionsbruch von 1987 glücklich fortschreiben. Denn in der zweiten Koalition leitete Fischer das definitive Ende der Hanauer Nuklearbetriebe ein, an denen die erste seinerzeit gescheitert war. Ein wirklicher Realo – so lautet seither der komplette Lehrsatz – gibt die Macht auf, wenn er die Zwänge des Regierens nicht mehr verantworten kann, und läßt sich erneut darauf ein, um doch noch zu erreichen, was er sich zum Ziel gesetzt hat.

Die zweite hessische Amtszeit half Fischer, zu überwintern, während sich die Grünen im bundespolitischen Aus befanden. Doch was immer Hessen ihm bieten konnte, Wiesbaden blieb Provinz, fernab der großen Politik. Es war nur eine Zwischenstation, ein Trainingscamp für sein eigentliches Projekt, und niemanden überraschte es, als er 1992 seine Absicht verkündete, in zwei Jahren mit den Grünen nach Bonn zurückzukehren. Ob er ernsthaft glaubte, dort bereits 1994 regieren zu können? Er schon. Aber seine Maxime, eine Machtbeteiligung der Grünen dürfe, bei Strafe ihres Untergangs, nicht im Fiasko enden, ließ es ihn verschmerzen, daß Rot-Grün 1994 dann doch die Wahl verlor: Dadurch hatte seine Partei noch einmal vier Jahre Vorbereitungszeit gewonnen.

Immerhin, Fischer kehrte 1994 zurück auf die geliebte Bonner Bühne, die er zehn Jahre zuvor rotationsbedingt hatte verlassen müssen. Er war nun ein Schwergewicht – politisch, physisch, in jeder Hinsicht. Und seine neue Opulenz paßte zum neuen Auftritt, machte gleich sinnfällig, daß es sich nicht mehr um den Fischer von 1983 handelte. Vom ersten Tag an verkörperte er geradezu den Anspruch, beim nächsten Mal mitzuregieren. Selbstverständlich gehörte er jetzt in die erste Reihe der Bundespolitik. Kohl, vielleicht noch Schäuble, eher jedenfalls als Rudolf Scharping – das war das Niveau, an dem er sich orientierte. Vom »Krieg der Bäuche« war bald die Rede: Kohl, die mächtigste, Fischer, die interessanteste Figur der Bonner Szene. Schon 1987 hatte Holger Börner über Fischer gesagt, der habe im kleinen Finger mehr Machtinstinkt als der gesamte Vorstand der SPD. Gleich zu Beginn zeigte Fischer, daß er sich und seine Partei nicht mehr würde abspeisen lassen. Gemeinsam mit Wolfgang Schäuble und unter den Augen einer konsternierten SPD setzte er Antje Vollmer als Vizepräsidentin des Bundestages durch.

Fischer trat kaum weniger provokativ auf als in früheren Zeiten. Bei Bedarf ließ er noch immer den Sponti durchscheinen, und doch wirkte er gesetzter, abgeklärter, auch patriarchalischer. Besonders in der Fraktion war man angetan von seinem Führungsstil, denn der entsprach gar nicht dem Ruf, den Fischer sich während seiner grünen Kampfzeit erworben hatte. Er spielte weniger den Wolf, eher den schützenden Schäferhund; er lobte, ermutigte, wirkte integrierend, er registrierte die Schwächen, die Lücken, die politischen Konflikte, aber kaum etwas ging er brachial an. Er war dazu übergegangen, einen Teil

der Härten anderen zu überlassen – das Einschüchtern und Drohen, das Locken und Enttäuschen. Der Patriarch spaltete das Böse von sich ab – und delegierte es: an Achim Schmillen, seinen langjährigen Mitarbeiter, und Matthias Berninger, einen intelligenten, sehr jungen Mann. Sie dienten dem Fraktionschef als gefürchtete, ja verhaßte Handlanger seiner Herrschaft und ermöglichten ihm damit eine neue Stufe der Machtausübung. Was sich früher in der Fischer-Gang noch eher anarchisch vollzogen hatte, bekam jetzt Methode. Fischer verfügte nun über Boten seiner Macht, was ihn selbst – von den alltäglichen, häßlichen Seiten der Herrschaftssicherung entlastet – unangreifbarer, milder und zugleich unheimlicher erscheinen ließ.

Von der Oppositions- über die Konzept- zur Regierungspartei, diesen

Zwischen dem Regierungschef und dem Oppositionsführer gab es auch Berührungspunkte.

Dreisprung wollte Fischer seiner Fraktion in jenen Jahren abverlangen. Sie sollte Reformprofil entwickeln und so den Anspruch auf die Machtteilhabe vorbereiten. Das gelang auf dem nicht grünen-typischen Gebiet der Finanz-, Renten- und Steuerpolitik – nicht so sehr auf dem klassischen Feld der Ökologie. Und es gelang in der Fraktion besser als in der Partei. Doch auch die entging den Fischerschen Lobgesängen nicht, wann immer sie sich ein wenig dorthin bewegte, wo er sie haben wollte. Dann war wieder ein »großer Schritt« getan, ein Stück »auf gutem Wege« zurückgelegt. Fischer betrieb keine schwarze Pädagogik mehr, aber Pädagogik war es allemal. Und er bemühte viel wohlwollende Deutung, in der die künftige Regierungspartei schon sichtbar werden sollte.

In regelmäßigen Abständen brachen bei Fischer allerdings auch wieder Ärger und Ungeduld hervor: über Wirklichkeitsferne, Dogmenverwaltung, Realitätsverweigerung. Die Befürchtung, daß die Grünen subjektiv weiter Oppositionspartei blieben, hatte ihn nicht verlassen. Wahrscheinlich hegt er sie bis heute. Daß er die Grünen jedoch zwingen könnte, die Veränderungen, die er für notwendig hielt, schneller und gründlicher zu vollziehen, daran glaubte er nicht. Oder er wollte nicht daran glauben, weil er sich sonst vielleicht in Auseinandersetzungen verkämpft hätte. Er konnte nur hoffen, daß es, trotz grünen Schleppgangs, das nächstemal doch reichen könnte. Immerhin wußte er, wie es sich anfühlen würde, wenn die Partei ohne Vorbereitung an die Macht gelangen würde: »Dann springen wir bei einer Koalitionsbildung in Bonn vom Zehnmeterturm ins leere Schwimmbecken. Das

endet mit dem Aufschlag des Kopfes auf hartem Beton. Da bleibt nicht mehr viel. Und das sollten wir uns ersparen.«

Aber manchmal blieb nicht nur die Partei hinter den Herausforderungen der Zeit zurück, sondern auch Fischer, obwohl er im Laufe der Jahre zum Inbegriff der Realitäts- und Regierungstauglichkeit mutiert schien. Namentlich seine außenpolitischen Ansichten hatten sich bis Mitte der neunziger Jahre kaum verändert – anders als etwa bei Daniel Cohn-Bendit, den der Bürgerkrieg im ehemaligen Jugoslawien zum Umdenken zwang. Frühzeitig plädierte er für eine militärische Intervention der Staatengemeinschaft zugunsten der bosnischen Muslime – in den Augen der Grünen ein Sakrileg. Zwei Jahre sollte Cohn-Bendit seine Partei und Fischer nun mit der Frage nerven, wie sie sich eine Beendigung der »ethnischen Säuberungen« vorstellten. In dieser Zeit war Fischers Verhältnis zu seinem alten Freund politisch so gespannt wie nie zuvor. Auf einer Podiumsdiskussion in Frankfurt 1993 fragte ein sichtlich gereizter Joschka Fischer den Freund, ob er denn jetzt auch seinen Sohn in den Krieg schicken wolle. Cohn-Bendit erwiderte, ob Fischer seinen Sohn daran hindern würde, bei der Feuerwehr Dienst zu tun, wenn es in der Nachbarschaft brennt. Das war die Differenz.

Für Cohn-Bendit brachen bei den Grünen schwere Zeiten an. Auf einem Sonderparteitag im November 1993 appellierte er an die menschenrechtliche Tradition der Partei, geißelte ihren selbstgefälligen Pazifismus, forderte von ihr eine Politik, die zur Rettung der Muslime und nicht nur zur Rettung der grünen Identität geeignet wäre. Es kam

zum Eklat: grüner Mehrheitspazifismus am Rande der Gewalttätig-
keit. Am Ende konnte Cohn-Bendit froh sein, daß man ihn nicht da-
vonjagte. Zwei Jahre dauerte es, bis Fischer schließlich auf Cohn-Ben-
dits Seite stand und zugab, daß der die Zeichen der Zeit wieder einmal
schneller erkannt hatte. In Bremen, am 1. Dezember 1995, verteidigte
Fischer seine außenpolitische Wende, eine »Operation am offenen
Herzen der Partei«, wie er es nannte. Lange hatte er sich zurückge-
halten. Jetzt kämpfte er offen und rückhaltlos. Er hatte begriffen, daß
die Chance auf eine Machtbeteiligung von der Entscheidung in dieser
für die Grünen heikelsten aller Fragen abhing. Von nun an war er das
Feindbild Nummer eins in der linkspazifistischen Szene. Einige der
Aktivisten wollten ihm in Bremen eine Maschinengewehr-Attrappe
überreichen, um zu demonstrieren, was sie von seiner neuen Politik
hielten. Angewidert wandte Fischer sich ab. Bei der Abstimmung verlor er achtbar. Er wußte, daß er sich erneut nur Schritt für Schritt

würde durchsetzen können. Aber er hatte die Kluft zwischen Regieren-Wollen und Regieren-Können überwunden, die sich für ihn persönlich in den vergangenen Jahren am Thema Bosnien aufgetan hatte: Er stand wieder im Bündnis mit den »objektiven Tendenzen«.

Am nächsten Tag, im Zug von Frankfurt nach Bonn, sitzt Joschka Fischer im Speisewagen, vor sich einen schweren Stapel Zeitungen. Noch immer aufgewühlt von der Parteitagsdebatte, überblickt er hochzufrieden die mediale Ernte. Die Interpreten haben inzwischen seine Sicht auf den Fortgang der grünen Dinge übernommen: Wieder hat die Partei einen jener kleinen großen Schritte getan. Bis auf die Titelseite der ›Herald Tribune‹ hat Fischer es gebracht. Auch das ein kleiner großer Schritt hin auf das Amt, das er nun schon im Blick hat. Guter Dinge betritt Joschka Fischer an diesem Morgen den Bonner Bahnsteig.

Aber es waren ja nicht nur die Grünen, an denen der Ausgang des Bonner Machtspiels und Fischers politische Perspektive hingen. Mitte der neunziger Jahre entwickelte sich der potentielle Partner zum Problemfall für Fischers Koalitionsprojekt. Wer den heimlichen Bonner Oppositionsführer zu dieser Zeit auf die SPD ansprach, bei dem bedankte der sich mit reicher Gestik. Da winkte er abfällig oder resigniert, breitete ratlos die Arme aus, streckte die Hände gen Himmel, als sei nur noch von dort eine Erklärung für Zustand und Gebaren der deutschen Sozialdemokratie zu erwarten. Nein, den Genossen ging es wahrlich nicht gut, und wie immer in solchen Fällen mochten sie die Grünen noch weniger als sonst. Zudem erzielte Fischers Partei ihre Stimmengewinne in Hessen, Baden-Württemberg und andernorts auf Kosten der SPD. »Wir können uns ja nicht ungeschehen machen«, kommentierte Fischer, der den Sozialdemokraten sicher weit entgegenkommen wollte, wenn sie nur ihrerseits nicht noch einmal seine rot-grüne Chance vergeigten.

Die Kooperation jedenfalls lief schlecht in den Jahren 1995 bis 1997. Ausgerechnet im Frankfurter Rathaus hatten einige sozialdemokratische Irrlichter gerade die rot-grüne Koalition scheitern lassen – in geheimer Wahl, versteht sich. In Stuttgart schickte die SPD einen Außenseiter in die Oberbürgermeisterwahlen, dessen einziges Verdienst darin bestand, dem CDU-Kandidaten zum Sieg über den Grünen Rezzo Schlauch zu verhelfen. Und an der Spitze der Bundes-SPD torkelte der

Folgende Seiten: Es kann nur einen geben. Zwischen 1994 und 1998 avancierte Joschka Fischer zum Hauptkontrahenten des »Ewigen Kanzlers«.

glücklose Kanzlerkandidat Rudolf Scharping noch eine Weile vor sich hin, der 1994 die Koch-und-Kellner-Metapher für das Verhältnis zwischen SPD und Grünen eingeführt hatte. Selbst mit Oskar Lafontaines Aufstieg zum neuen SPD-Vorsitzenden waren die Probleme nicht gelöst. »Einen der letzten Populisten in der SPD« hatte Fischer den Saarländer einmal bewundernd genannt. Nun war er ihm – in der Europapolitik oder in Ausländerfragen – doch ein bißchen zu populistisch. Und in Nordrhein-Westfalen schleppte sich die rot-grüne Koalition, die als »Modell für Bonn« aus der Taufe gehoben worden war, von einer Krise zur nächsten. Fischer, der seine Partei mit der Aussicht auf eine künftige Regierungsbeteiligung unter Veränderungsdruck halten wollte, schien angesichts der Lage restlos desillusioniert: »Es gab mal eine Zeit, in der man von Rot-Grün als Reformprojekt sprach. Zurück blieb die Reformpartei Bündnis 90/Die Grünen, die mit einer strukturkonservativen Sozialdemokratie versuchen muß eine Mehrheit zu bilden. Insofern reden wir heute nicht mehr von einem Reformprojekt Rot-Grün, sondern von einer Machtperspektive«, erklärte Fischer im Frühjahr 1997.

Drei erfolglose Versuche, zusammen mit der SPD die Macht in Bonn zu erobern, hatte Fischer schon hinter sich. Das Jahr 1998 erschien ihm als letzte Chance der Enkel-Generation, auch als letzte Chance für Rot-Grün. Einen, durch dessen politische Biographie sich die Aussicht auf dieses Bündnis wie ein roter Faden zog, mußte das nervös machen. Doch dann zwang er sich immer wieder in die Rolle des Fatalisten, den keine Niederlage mehr aus der Bahn werfen kann, und er wunderte sich: War er der einzige, der noch ankommen wollte, der noch auf Kohls Sturz hinarbeitete? Was hatte er nicht alles durchgemacht, bis er auf der Schwelle zur Macht stand! Den eigenen linksradikalen Irrsinn, dann dessen Wiedergänger bei den Grünen, den Kohl-Herausforderer Rau, der von der absoluten Mehrheit träumte, das Aus im Einheitsjahr und schließlich Scharpings Absturz aus den Höhen seiner unbedarften Kanzlerträume. An Fischer jedenfalls hatte es nicht gelegen, und manchmal brachte ihn der Gedanke an die machtferne Linke im Land schier zur Verzweiflung: »Es regt mich immer noch wahnsinnig auf, daß die Linke in diesem Land von einer elenden Oppositionssehnsüchtigkeit befallen ist. Aber nur Opposition ohne Mehrheits- und Machtperspektive heißt schlichte Kapitulation vor der Wirklichkeit. Ach je, ich hasse dieses Gejammere, diese Angst: die

Man liest Deutsch. Fischer im Toskana-Urlaub 1995.

Machtfrage ist zu brenzlig, sie könnte uns schmutzig machen – das macht mich rasend. Reformpolitik, verdammt noch mal, ist kein Teufelszeug.« Nein, er würde nicht schuld sein, wenn es wieder schiefginge. Bis dahin würde er noch einmal kämpfen. Einer von seinem Schlag kann nicht einfach aufhören.

Oder doch? Im Herbst 1996 wußte man das plötzlich nicht mehr so genau. Joschka Fischer steckte in der Krise, und es war nicht die Politik, die ihn aus der Bahn geworfen hatte, sondern ein privates Unglück. Seine dritte Ehefrau, Claudi, hatte sich während des Sommerurlaubs in der Toskana von ihm getrennt, und ein gänzlich veränderter Fischer kehrte nach Bonn zurück. Wie ihn früher seine Politiksucht vollends beherrscht hatte, so war es jetzt der persönliche Absturz, den er – ebenfalls mit deutlichen Suchtsymptomen – auszuleben begann. Wenn man ihn in dieser Zeit in einer Bonner Kneipe traf, erlebte man einen tiefdeprimierten Joschka Fischer, auf dessen politische Zukunft man nicht mehr wetten wollte. Der selbstbewußte Machtvirtuose war implodiert, schien jeden Halt und jede Perspektive verloren zu haben. Wer ihn in diesem Zustand mitten in der Nacht in seiner Abgeordnetenbude am Bundestag ablieferte, hatte kein gutes Gefühl. Doch erneut erwiesen sich Krise, Depression und Desorientierung nur als Durchgangsstadium, als Auftakt zu einer neuen, diesmal

Krise, Askese und wieder eine Wandlung. Auf dem Parteitag in Kassel 1997 redete der stärkste Fischer, den die Grünen bis dahin erlebt hatten. Zum ersten Mal feierten sie ihn mit Standing ovations.

ganz persönlichen Metamorphose. Hatte er in den Jahren zuvor seine Verwandlung zum opulenten Genußmenschen hemmungslos zelebriert, so ließ er nun die Öffentlichkeit an seinem Gegenprogramm teilhaben. Der dicke Joschka verschwand, man konnte förmlich dabei zusehen, Woche um Woche. Zum Vorschein kam der Asket und Marathonläufer.

Im Sommer 1997, ein Jahr nach dem Beginn seiner Krise, war auch der Politiker Joschka Fischer wieder da. Und es schien, als sei seine Konstitution, seine neue, sportliche Energie schon ganz auf das Kommende hin orientiert. Auf dem Parteitag 1997 in Kassel jedenfalls hielt Fischer, ein Jahr vor der Bundestagswahl, eine fulminante Rede, vielleicht die beste, die er je vor Grünen gehalten hatte. Es war ein Entwurf der rot-grünen Reformkoalition, der Vorschein auf die Machtbeteiligung. Die Partei war begeistert davon, wie Fischer die ganze grüne Geschichte – gewissermaßen die Vorgeschichte – emphatisch auf dieses Ziel hin zwang. Offen und leidenschaftlich schwor er die Partei aufs Regieren ein, ohne sie mit radikalen Arabesken über kommende Zumutungen hinwegzutrösten. Er entfaltete die ganze Dialektik aus Realismus und Durchsetzungsfähigkeit. Und einen Moment lang nahm er die Partei ganz ernst, ohne die taktisch-zynischen Verrenkungen, ohne die resignative Herablassung, mit der er ihr sonst so

Bis zur Erschöpfung.
Und dann noch eine
Runde. Der Wahl-
kampf 1998 brachte
Joschka Fischer an
den Rand seiner
Kräfte.

oft begegnet war. In diesem Moment paßten sie wirklich zusammen, der Realpolitiker und die Anti-Parteien-Partei, die sich schon so lange aneinander abarbeiteten. In Kassel jedenfalls waren beide voneinander hingerissen. Standing ovations. Das hatte er noch nicht erlebt in seinen fünfzehn grünen Jahren. Es konnte doch noch klappen.

»Daß ich als prominentester Grüner, je härter es wird, die Gesamtverantwortung trage, ist mir doch völlig klar. Ich kneife da nicht.« So sprach Fischer im Frühjahr 1998, und nun kam es wirklich auf ihn an. Je näher der Wahltag rückte, desto skeptischer blickte die Öffentlichkeit auf seine Partei. Gewiß, man hatte sich an sie gewöhnt, man hatte sie als belebendes, kritisches, oft sogar unterhaltsames Element in der bundesdeutschen Politik schätzengelernt. Manchmal drehten sie ein bißchen durch, aber irgendwie ergab die politische Landschaft ein tristes Bild, wenn man sich die Grünen wegdachte, so wie in der Zeit nach 1990. Eigentlich waren sie unverzichtbar – in ihrer Paraderolle als Opposition. Aber jetzt wollten sie auch noch regieren? In Bonn? Und hatten doch gerade wieder auf ihrem Magdeburger Parteitag so plakativ gezeigt, daß sie mit ihren verqueren Vorstellungen vielleicht Debatten anregen konnten, damit aber an den Wünschen der Mehrheit völlig vorbeizielten. Fünf Mark für einen Liter Benzin hatte die Partei in ihrem Wahlprogramm gefordert. Selbst Joschka Fischer war dafür. Die autofahrende Republik stand kopf.

Das hatte auch Fischer so nicht kommen sehen: wie kritisch die Grünen in dem Moment wahrgenommen wurden, als es erstmals möglich schien, daß sie wirklich an die Macht gelangen könnten. Der Benzinpreis-Beschluß war nur der Auslöser. Doch es waren nicht ein, zwei kontroverse Forderungen, die die öffentliche Skepsis erzeugten. Es war die Vorstellung, von den Grünen regiert zu werden, die plötzlich wieder Ängste mobilisierte, von denen man dachte, sie seien längst schon überwunden. Von einem Tag auf den anderen standen die Grünen nicht mehr im Vorzimmer der Macht, sondern erneut mit dem Rücken an der Wand. Und niemand in der Partei, die sich auch 1998 – anders als 2002 – keinen »Spitzenkandidaten« erlauben mochte, wollte bestreiten, daß es nun allein von Fischer abhing, ob die Grünen den Sprung über die Fünf-Prozent-Hürde schaffen würden. Den Machtwechsel hatten die meisten ohnehin schon abgeschrieben. Bis auf Fischer natürlich, der mit bescheidenen organisatorischen Mitteln seinen Ein-Mann-Wahlkampf-Marathon absolvierte. Daß er da schon mal, zwischen Laufen und Wahlkampfauftritt, auf die Dusche im Freibad angewiesen war, könnte man als letzten Tribut an die grüne Basisdemokratie verbuchen. Gefallen hat ihm das nicht.

Aber es war ja für einen guten Zweck: »Wir kämpfen darum, dieses Land zu regieren, weil wir es gestalten wollen. Das ist der alte Traum von 1968. Den haben wir damals revolutionär geträumt, heute träumen wir ihn reformerisch« – so hatte er vier Jahre zuvor souverän den Bogen über alle biographischen Brüche hinweg geschlagen und den politischen Gestaltungsanspruch einer ganzen Generation angemeldet. Nun war es soweit. Am 22. September 1998 errangen SPD und Grüne die »Mehrheit diesseits der Union«, von der Willy Brandt 1982 gesprochen hatte. Ein langer Weg. Man kennt Fischers Hang zur historischen Überhöhung, diesmal hatte er wohl recht. Zum ersten Mal

Am Ziel. Der rot-
grüne Koalitionsver-
trag ist unterzeich-
net. In Fischers
Sektglas schwappt
Mineralwasser.

in der Geschichte der Republik wurde eine Regierung abgewählt. Die Ära Kohl, die begonnen hatte, als Fischer zu den Grünen stieß, war beendet. Rot-Grün regierte die Bundesrepublik – und ein Grüner wurde Außenminister und Vizekanzler.

Da steht er nun, am späten Nachmittag des 20. Oktober 1998, zwischen Gerhard Schröder und Oskar Lafontaine. Gerade haben sie den Koalitionsvertrag feierlich unterzeichnet. Der kommende Kanzler, schon ganz im Vorgriff auf die neue Rolle, schaut statuarisch. Lafontaine hingegen wirkt, als habe er schon in den Abgrund geblickt, als gehöre er schon nicht mehr ganz dazu. Und Fischer? Er ist am Ziel. Eher abgekämpft als glücklich. In dem Sektkelch, mit dem er auf die neuen Zeiten anstößt, schwappt Mineralwasser – ein realistisches Getränk. Bei der Vereidigung des Kabinetts durch Bundespräsident Herzog freut er sich dann doch. Selig-überrascht flüstert er dem neuen Innenminister Schily zu: »Kneif mich, Otto, ich kann es nicht glauben.«

Ob aber die Grünen wissen, »auf was sie sich da einlassen, in eine Bundesregierung einzutreten, die dieses Land in der zweiten Hälfte der neunziger Jahre durch schwere Wetter zu bringen hat«? Danach hat Fischer immer wieder gefragt. Ob er selbst es im Herbst 1998 wußte? Ahnte er es wenigstens? Seine Partei jedenfalls wußte von nichts. Selbst in den skeptischsten, realistischsten Spielplänen zu einer Regierungsbeteiligung, die er ihr in den vergangenen Jahren vorgelegt hatte, war nichts von dem verzeichnet, was nun auf sie zukommen sollte. Der »Traum von Achtundsechzig«, der Gestaltungsanspruch einer Generation – das alles wirkte bald schon wie eine emphatisch-illusionäre Metapher, ein Stück naive Regierungslyrik, mit der das Kommende dekoriert wurde, damit sich die Partei am Ende auch noch den letzten kleinen Schritt zutraute, den wirklich großen an die Macht. Mitten hinein in die »schweren Wetter«.

4

Außenminister:
Reise ins Innere der Politik

Im Restaurant des Bonner Bundestages wurde oft mehr Politik gemacht als im Plenarsaal. Man konnte sich treffen, wurde gesehen, aber nicht gehört, denn die Tische standen weit genug voneinander entfernt. Die buntbemalte Decke erinnerte an einen Kindergarten und gab dem Ganzen etwas Unernstes, Leichtes. Ende 1995, kurz nach dem Bremer Parteitag, trafen sich hier Joschka Fischer und der brillante Beamte Wolfgang Ischinger zum Zwiegespräch. Der grüne Fraktionsvorsitzende hatte gerade eine seiner grünen Niederlagen eingesteckt: Er war mit einem Antrag zu Auslandseinsätzen der Bundeswehr achtbar gescheitert. Nun wollte er vom politischen Direktor im Auswärtigen Amt wissen, ob man wirklich militärisch intervenieren müsse. Ischinger antwortete: Man muß es können. Drei Jahre später wurde er Staatssekretär von Außenminister Joschka Fischer.

Es ist schwer zu sagen, wann genau Fischer sich allen Ernstes entschloß, Außenminister der Bundesrepublik Deutschland zu werden. Einige seiner ehemaligen Mitbewohner aus der wilden Frankfurter Zeit wollen so etwas von ihm schon Ende der siebziger Jahre gehört haben. Das dürfte – bei allem Größenwahn, den man den jungen Sponti-Brüdern Fischer und Cohn-Bendit unterstellen mag – denn doch etwas zu früh angesetzt sein. Daß man sich heute zu erinnern glaubt, Joschka Fischer habe bereits am WG-Tisch vom Auswärtigen Amt geredet, liegt sicher auch an dem merkwürdigen Effekt, der sich unmittelbar nach seiner Amtseinführung einstellte: Kaum war Fischer in das dreiteilige Gewand des Außenministers geschlüpft, da wirkte er schon so, als habe er nie etwas anderes gemacht und gewollt. Er übernahm die neue Aufgabe wie ein Routinier der Außenpolitik. Ein solcher aber war er gewiß nicht, denn bis dahin hatte er sich kaum auf diplomatischem Parkett bewegt.

Oder war er es doch? Auf seine Weise hatte sich Joschka Fischer

durchaus vorbereitet. Das machtpolitische Szenario war ja seit dem Rauswurf der Grünen aus dem Bundestag im Winter 1990 klar: Entweder die Grünen würden bei der nächsten Wahl, also 1994, die Fünf-Prozent-Hürde wieder überspringen, oder es wäre um die Partei geschehen. Wenn sie aber auf die bundespolitische Bühne zurückkehren sollten, dann nur mit Fischer. Vorausgesetzt, der Wiedereinzug 1994 klappte, hätte man vier Jahre Zeit, regierungsfähig zu werden. Würden die Grünen ab 1998 regieren, so könnten und müßten sie Anspruch auf ein klassisches Ressort erheben. Und Fischer würde endlich machen dürfen, was ihm wirklich liegt, Außenpolitik. Doch dachte Fischer tatsächlich derart langfristig? Zumindest dachte er in Szenarien. Und dieses Szenarium hatte etwas für sich. Es war relativ realistisch und äußerst reizvoll zugleich.

Er oder der Untergang

Fischer selbst datiert sein Ziel, Außenminister zu werden, auf das Jahr 1992, als er beschloß, von Wiesbaden nach Bonn zu wechseln. In diesem Jahr erschien auch erstmals ein Buch von ihm, das sich näher mit außenpolitischen Fragen beschäftigte: ›Die Linke nach dem Sozialismus‹. Die geistige Situation der Linken war damals prekär. Durch den Fall der Mauer war eine unterschwellige Verbundenheit aller Linken mit dem real nicht mehr existierenden Sozialismus deutlich geworden. Obwohl Fischer und die meisten Grünen nie mit der DDR sympathisiert hatten, fühlten sie sich doch durch deren Untergang geschwächt. Hauptsächlich lag dies an der nun unübersehbaren Alternativlosigkeit des westlichen Gesellschaftsmodells. Mit dem realen Sozialismus schien nicht nur eine Alternative zum Kapitalismus abhanden gekommen zu sein, sondern jede. Das war auch für die Grün-Alternativen ein Problem. Sie brauchten Trost, Orientierung und vor allem wieder ein Ziel. Ein positives war in dieser Phase kaum zu haben, und deshalb bot Joschka Fischer ihnen eine außenpolitische Negativ-Utopie an: »Wenn Europa nicht zu seiner Einheit findet, wird es in seine alte Zerrissenheit und Hegemonialkonflikte, in Nationalismus und Völkerhaß zurückfallen und von außen dominiert werden. Damit stünde aber auch sein demokratisch-sozialstaatliches Entwicklungsmodell zur Disposition. ... Es geht also in den nächsten Jahren um nichts Geringeres als um die Zukunft des Kontinents.« Diese apokalyptisch gefärbte Zuspitzung – EU oder Barbarei – war zu jener Zeit in ähnlicher Weise allerdings auch aus dem Mund von Helmut Kohl zu vernehmen. Sie allein konnte also der Linken weder Sinn noch Trost schenken.

Was er 1992 eigentlich gemeint hatte, schrieb Joschka Fischer zwei Jahre später in seinem Buch ›Risiko Deutschland. Krise und Zukunft der deutschen Politik‹. Wieder entwirft er ein historisches Entweder-Oder für Europa, erklärt aber nun die regierende CDU mit ihren Versuchen, Deutschland mehr außenpolitische Verantwortung aufzubürden, zum Apokalyptischen Reiter: »Es fängt heute mit der Parole ›Mehr Verantwortung übernehmen!‹ an, dann werden die ersten Kriegseinsätze stattfinden, die ersten Toten wird es geben, die ersten vaterländischen Rituale werden folgen, die Generalität wird mehr Freiheiten wollen, die Kriegshelden werden heroisiert. ... Parallel dazu wird Deutschland einen ständigen Sitz im Sicherheitsrat der Vereinten Nationen erhalten, in dem als Ständige Mitglieder heute nur Nuklearmächte sitzen. Folglich wird auch in Deutschland dann die Debatte beginnen um die ›vollständige‹ Souveränität, und dies ist in der heutigen Welt nun einmal die nukleare Souveränität.« Gut vier Jahre später ist es Joschka Fischer, der deutsche Soldaten in den Krieg schickt. Doch auch innenpolitisch prophezeit Fischer in seinem damals überwiegend positiv aufgenommenen Buch Düsteres: »Wenn in Kontinentaleuropa die Sozialstaatsintegration für die breite Masse der abhängig Beschäftigten ernsthaft gefährdet wird, dann droht ... in Deutschland die Wiederkehr nicht nur des militanten Nationalismus und Rassismus, sondern am Ende gar ein neuer Faschismus.« Das also bot Joschka Fischer seinen grünen und linken Wählern an: Wählt uns, sonst wird Deutschland eine nationalistische Nuklearmacht oder gar zurückfallen in den Faschismus. Fischer wollte Europa vor Deutschland retten und Deutschland durch die EU vor einem reaktionären Nationalismus.

Man erinnere sich, was damals in der Republik wirklich los war: Helmut Kohl, der entschiedene Europäer, regierte unangefochten. Rassistische Ausschreitungen gegen Asylbewerberheime hatten das zusammengespannte, neue Deutschland erschüttert, waren dann aber, unter anderem mit einer Bürgerbewegung, gestoppt worden. Vereinzelte Versuche rechter Intellektueller, den deutschen Nationalstolz wiederzubeleben, scheiterten jämmerlich. Im nachhinein betrachtet wirkt die Fischersche Apokalyptik absurd. Daß er 1989 behauptete, die Spaltung Deutschlands sei eben die Strafe für Auschwitz und die Wiedervereinigung ein verhängnisvoller Fehler, erscheint im Vergleich dazu noch nachvollziehbar. 1989 konnte man ja wirklich nicht absehen, wie das Land die Wiedervereinigung verkraften würde und ob mit der Zusammenfügung von Ost und West die kritische Masse Deutschland wieder erreicht wäre. 1994 jedoch war klar: Die deutsche Demokratie hatte die Bewährungsprobe bestanden – ohne Glanz, ohne Gloria, im allerbreitesten Konsens. Und die Union hatte sich dabei keineswegs als Gefahr für Deutschland und die EU erwiesen, sondern als Garant für eine vernünftige und maßvolle Außenpolitik. Später hat man durch den Beschluß einer neuen gemeinsamen Währung die Europäisierung weiter vorangetrieben und das wichtigste nationale Symbol der Nachkriegszeit, die D-Mark, aufgegeben. Das

war der Preis dafür, daß Frankreich die deutsche Einheit duldete – ein Preis, den Helmut Kohl aus Überzeugung entrichtete. Allen deutschen Sonder- und Abwegen war damit die Grundlage entzogen.

Was aber trieb den Realo Fischer zu seiner irrealen und linkspopulistischen Einschätzung? Die Unterstellung liegt nahe, er habe sich aus rein wahltaktischem, machtpolitischem Kalkül so geäußert. 1994, bei einer Wahlkampfveranstaltung in Köln, warnte er vor dem 500-Pfund-Gorilla Deutschland und malte dem grün-yuppiesken Publikum im Restaurant »Stadtgarten« wohlig-schaurige Bilder an die Wand. »Wehe, wehe«, schrieb der zu jener Zeit noch dicke Zeigefinger in die Luft. Und für die, die es nicht ganz so dramatisch sehen wollten, hatte Fischer sein verzweifeltstes Kopfschütteln parat. All das kam gut an. Das Publikum war begeistert von so viel Gefahr und beruhigt, daß

Fischers düstere Prognosen über das wiedervereinigte Deutschland erfüllten sich nicht. Die rassistischen Ausschreitungen Anfang der neunziger Jahre wurden von einer breiten gesellschaftlichen Gegenbewegung gestoppt.

Für einen deutschen Außenminister sind die NS-Verbrechen andauernd Thema. Mit seinem russischen Amtskollegen Igor Iwanow und dem brandenburgischen Ministerpräsidenten Manfred Stolpe vor der Gedenkstätte Sachsenhausen.

da einer war, ihr Joschka Fischer, der aufpaßte. Und dennoch: Die Unterstellung, Fischer habe wider besseres Wissen auf den Bauch der Basis gezielt, trifft nicht ganz. Es war auch sein eigener Bauch, auf den er zielte, es ging um seine politische Seele.

Seit 1968 hat die deutsche Linke, allen voran Joschka Fischer, ihre Identität aus ihrem Antinazismus gezogen, ihre Legitimität aus dem Glauben daran, daß sie die einzige, zumindest aber die entscheidende Kraft sei, die dafür sorgt, daß man sich in Deutschland an den Holocaust erinnert und daß ein Rückfall in die braune Barbarei verhindert werden kann. Das hatte 1968 einige Plausibilität. Ob es Mitte der siebziger Jahre noch als sinnvolle Begründung für revolutionäres Steinewerfen gelten konnte, sei dahingestellt. Als Anschub einer politischen Partei Mitte der neunziger Jahre hatte eine derartige Einschätzung ihre Berechtigung ganz verloren. Es war eine geliehene, eine aus der Achtundsechziger-Vergangenheit gestohlene Emphase, es war, auf Fischer persönlich gemünzt, der dunkel-utopische Überschuß eines ansonsten rundernüchterten Politikers.

Doch die Linke hatte nach 1989 schwere Schläge einstecken müssen, die Grünen waren aus dem Bundestag geflogen, ihr antinazistischer Gründungsimpuls sollte ihnen wieder neue Kraft geben. Und Joschka Fischer? In seinem politischen Denken war Auschwitz immer die zentrale Metapher. »Nie wieder Auschwitz!« – das ist der Bezugspunkt, der sich bei ihm über die Jahrzehnte gehalten hat, während viele andere Überzeugungen an der Realität, auch an den Erfordernissen des Machterwerbs gescheitert sind. Fragt man nach dem kategorischen Imperativ seines politischen Lebens, dann gibt es nur eine Antwort: Wir müssen uns erinnern, denn Deutschland ist jederzeit rückfallgefährdet. Weil dieser Punkt für ihn so entscheidend ist, hatte er, im Gegensatz zu vielen anderen Linksradikalen, immer ein Auge dafür, wann die Linke selbst in die deutsche Falle ging. Über die einseitige Parteinahme der deutschen Linken im Nahost-Konflikt für die Palästinenser kann sich der Außenminister noch heute erregen: »Manch einer war sich seines Antifaschismus so sicher, daß er sich gar nicht mehr fragte, warum er ausgerechnet die palästinensische Befreiungsbewegung so leidenschaftlich unterstützte.«

Jahrelang, jahrzehntelang gab ihm Auschwitz Orientierung. Gleichzeitig diente es ihm als agitatorisches Material im politischen Kampf gegen »rechts«, wie man die Union nannte. Doch Mitte der neunziger Jahre stellten sich ihm auf diesem Feld zwei Probleme gleichzeitig: Zum einen wurde allzu offenkundig, wie sehr seine Wachsamkeit Allgemeingut geworden war. Zum zweiten war völlig klar, daß eine pazifistische Partei das Land niemals dauerhaft regieren, geschweige denn den Außenminister stellen würde.

Joschka Fischer war nie ein Pazifist im strengen Sinne gewesen. An der Legitimität des Krieges der Alliierten gegen Hitler hatte er nie gezweifelt, zeitweise hat er Steine geworfen, den Widerstand der Befreiungsbewegungen in der Dritten Welt hat er lange unterstützt. Aber auf anderen Wegen kam er zum selben Ergebnis wie die prinzipiellen, die Mahatma-Gandhi- und Petra-Kelly-Pazifisten. Für Fischer zeigte Deutschland die Verhaltensmuster eines Alkoholikers, nur daß die Droge Militarismus hieß: Ein Schuß, ein Stiefel, ein Hurra, und schon würde alles von vorn beginnen. Folglich lehnte er jedwede deutsche Beteiligung an militärischen Aktionen strikt ab. Doch wann immer sich Fischers Wunsch, Außenminister zu werden, zum Entschluß verdichtet hat – er wußte, daß dieser Wunsch weder mit seinem taktischen noch mit dem fundamentalen Pazifismus der grünen Partei zu verwirklichen war.

Für sich persönlich hat er aus dem Dilemma des Antimilitaristen auf dem Weg ins Außenministerium einen überzeugenden, wenn auch merkwürdig plötzlichen Ausweg gefunden: In Bosnien waren schon einige Massaker begangen worden, die ein Umdenken hätten einleiten können. Doch zum Wendeerlebnis machte Joschka Fischer Srebrenica. Am 12. Juli 1995 überfielen bosnische Serben die Stadt, selektierten die muslimischen Männer und Jugendlichen, fuhren sie in Bussen aus der Enklave und töteten sie. Und die Blauhelm-Soldaten mußten tatenlos zusehen, obwohl all dies in einer vermeintlichen UN-Schutzzone geschah. Damit war die Hilflosigkeit, ja der Zynismus einer schwachen militärischen Präsenz überdeutlich geworden. Die Menschen hatten sich auf das Versprechen der UN verlassen und wurden massakriert. So konnte es nicht weitergehen. Auch für Fischer nicht. Er legte seinen spezifisch deutschen Pazifismus ab und deutete seinen Antinazismus nun nicht mehr pazifistisch, sondern interventionistisch. Fischer nannte das, was auf dem Balkan geschah, Völkermord und schlug damit wieder die Brücke zu Auschwitz. Und wie reagierte seine Partei darauf, die ihm zwar immer folgte, aber gern einen großen Sicherheitsabstand hielt?

Als die Grünen sich nach Helmut Kohls Wahlniederlage am 27. September 1998 anschickten, zusammen mit der SPD die Regierung zu übernehmen, stellte sich die Frage nach einer deutschen Beteiligung an Militäreinsätzen längst nicht mehr nur theoretisch. Die Nato bereitete sich auf einen Krieg gegen Slobodan Milošević vor, die schwarzgelbe Regierung hatte eine deutsche Beteiligung schon prinzipiell zugesagt – ohne die Nachfolgeregierung damit binden zu wollen, wie Kohl listig hinzufügte. Es war abzusehen, daß die Grünen sich in den Koalitionsvereinbarungen und in kurzer Zeit auch in der Praxis von ihrem Pazifismus würden verabschieden müssen.

Als Garant für die pazifistische Mehrheit auf den grünen Parteitagen hatte stets Ludger Volmer fungiert, ein blasser, bürokratisch wirken-

der Mann und die Schlüsselfigur bei der grünen Schicksalsfrage: Schießen oder nicht? Anders ausgedrückt: Regieren oder nicht? Am Tag nach der Wahl saß Volmer düsterer Stimmung im Rheinhotel Dreesen, wo sich die neue grüne Fraktion versammelt hatte. Die Grünen, so dachte er, würden sich mit der SPD außenpolitisch nie und nimmer einigen können. Ludger Volmer war, wie Joschka Fischer und mehr noch als dieser, Außenpolitiker. Er hatte zumindest mehr Konferenzen besucht und die längeren Papiere geschrieben. In denen ging es immer darum, das Äußerste auf gar keinen Fall mitzumachen: den

Der Außenminister Fischer nimmt zum ersten Mal auf seinem Sessel am Kabinettstisch Platz. Doch ganz an die Spitze kann er als Grüner nicht kommen. Vielleicht zu seinem Glück.

Krieg. Keinen Krieg. Und während draußen träge der Rhein vorbei-
floß, erregte sich Ludger Volmer immer mehr. Schließlich stand sein
Werk zur Disposition, der grüne Pazifismus. Was Volmer zu dem Zeitpunkt noch nicht wußte, Fischer aber schon, war folgendes: Volmer
würde all seine Papiere ins politische Poesiealbum kleben, er würde
den Koalitionsvertrag nachdrücklich begrüßen und – wenige Monate
später – die deutsche Beteiligung am Kosovo-Krieg vor einem grünen
Parteitag leidenschaftlich rechtfertigen. Denn Joschka Fischer hatte
ein gutes, ein wirklich schlagendes Argument, das Ludger Volmer
überzeugte: Er sollte Staatsminister im Außenministerium werden,
eine Position, die ihm schon vor Amtsantritt völlig neue Einsichten
eröffnete.

Damit war der innerparteiliche Widerstand endgültig gebrochen: Am
27. Oktober 1998, einen Monat nach der Wahl, wurde das rot-grüne
Kabinett vereidigt. Für Joschka Fischer war es der dritte Amtseid. Dem
ersten, als Umweltminister von Hessen im Jahre 1985, folgte ein pro-
fessionelles Desaster. Nach 1991, dem zweiten Eid als hessischer Umweltminister, gelang Fischer eine solide Amtsführung. Doch dies waren Zwischenstationen. Der dritte Amtseid bedeutete einen Quanten-
sprung: Am 27. Oktober 1998 kam er auf seinem Marsch durch die
Institutionen ans Ziel, das Flüchtlingskind, der Metzgersohn und Ex-
»Putz«-Grüppler Joschka Fischer war ganz oben angekommen, dort,
wo sich die Macht fast bis zur physischen Greifbarkeit verdichtet.
Es war das Ende einer Geschichte und der Beginn einer neuen. In den
nun folgenden drei Jahren sollte sich auch der Kern von Fischers politischer Identität, Auschwitz, noch einmal dramatisch bewähren –
und dann allmählich an Bedeutung verlieren.

Pazifisten im Tornado

Worin besteht das Ethos der Macht? Sich in einer zugespitzten Situation für das Richtige zu entscheiden? Oder: in einer zugespitzten Situation, in der es gar nichts zu entscheiden gibt, das Unausweichliche
zu tun, sich den Sachzwang zu eigen zu machen und das dann als freie
Entscheidung darzustellen? Letzteres wurde, zumindest in der rot-
grünen Bundesregierung, zu Joschka Fischers Ethos der Macht. Im

vertraulichen Gespräch legt er zwar genau dar, wie alternativlos sein Handeln ist, aber in der öffentlichen Darstellung steht im Vordergrund, daß er sich nach langem Ringen frei für etwas entschieden hat, nicht weil es die einzige Möglichkeit, sondern weil es das Richtige war. So geschah es auch im Falle des Kosovo-Krieges. Keine Bundesregierung hätte sich gegen diesen Einsatz wenden können, den die USA und die Nato für richtig hielten. Die Grünen wären umgehend aus der Regierung geflogen, wenn sie mehrheitlich Ablehnung signalisiert hätten. Das wiederum hätte mit großer Wahrscheinlichkeit das Ende der Partei bedeutet. Denn die SPD hätte gewiß nicht gewartet,

Was ist das Ethos der Realpolitik? Überzeugt zu sein von dem, was richtig ist? Oder von dem, was unausweichlich ist?

bis die düsteren Wolken vorbeigezogen wären, um den Grünen dann noch einmal eine Koalition anzubieten, gewissermaßen mit Sonnenscheingarantie. »There is no alternative but defeat« – gern zitiert Fischer diesen Lieblingsspruch von Margaret Thatcher.

Nein, Joschka Fischer hatte keine Wahl – es sei denn, er hätte die Zerstörung seiner Karriere und seiner Partei in Kauf genommen –, als er am 12. Oktober 1998 mit Gerhard Schröder, Oskar Lafontaine, Helmut Kohl, Wolfgang Schäuble und anderen im sparkassenhaft bescheidenen Bonner Kanzleramt saß. Die alte und die neue Regierung besprachen dort das weitere Vorgehen gegen Milošević. Oskar Lafontaine behauptete später, er sei von Joschka Fischer deshalb so enttäuscht, weil der bei der Sitzung keine Anstalten gemacht habe, Deutschlands Gang in den Krieg aufzuhalten. Andere, in Sachen Lafontaine gegen Fischer neutrale Teilnehmer des Treffens sagen heute, auch vom SPD-Vorsitzenden Lafontaine seien nur formale Nachfragen gekommen, aber kein Protest gegen den Vorratsbeschluß zugunsten einer Intervention. Laut Fischers Darstellung fiel die Entscheidung für den Beginn des Bombardements und für den Einsatz deutscher Tornados dann am 23. März innerhalb weniger Minuten. Das ist wahr und falsch zugleich. Er hat einfach schnell entschieden, was schon entschieden war.

In den fünf Monaten zwischen der gemeinsamen Sitzung am 12. Oktober 1998 und dem Beginn der Nato-Intervention absolvierte Fischer einen Crash-Kurs in Sachen Außenminister. »Keiner ist zum Außenminister geboren«, sagt er heute. »Natürlich steckt man in einer Lernphase. Aber so einen Job kann man nur machen, wenn man schnell lernt.«

Seine Amtszeit begann mit einem grünen Paukenschlag. »Verzicht auf den Erstschlag mit Nuklearwaffen« – das liest sich wie das Transparent auf einer Friedensdemonstration der frühen achtziger Jahre, doch es war ein Antrag auf der UN-Vollversammlung, bei dem sich Joschka Fischer enthalten wollte, obwohl die Nato-Doktrin die Erstschlagsoption vorsieht. Gründlich durchdacht hatte er die Sache, zumindest ihre Vermittlung, nicht, buchstäblich im Fluge gab er seine Position an die Presse. Darüber war man in Washington nicht sehr erbaut und nutzte wohl auch die Gelegenheit, dem neuen deutschen Außenminister zu zeigen, wie weit seine öffentlichen Meinungsäußerungen in Bündnisfragen allenfalls gehen könnten. So weit mit

Noch schwebt Joschka Fischer nicht über allen Parteien, sondern sieht sich konfrontiert mit grünen Hoffnungen, die er nicht erfüllen kann – und nicht erfüllen will. Konstituierende Sitzung des neugewählten Deutschen Bundestages im Oktober 1998.

Sicherheit nicht, zumal er – aus Sicht der Vereinigten Staaten – einer antiamerikanischen Bewegung entstammte. Joschka Fischer verstand die Botschaft. Er dämpfte, ja erstickte später alle Erwartungen an eine parteipolitisch inspirierte Außenpolitik: »Es gibt keine grüne, es gibt nur deutsche Außenpolitik.« Das war eine weitreichende, möglicherweise eine übertriebene Lehre aus seiner ersten Intervention als Minister-Neuling.

Ansonsten verlief sein Einstand verblüffend reibungslos. Wie schon als Umweltminister, so gelang es ihm auch jetzt wieder, in relativ kurzer Zeit sich die Materie »draufzuschaffen«. Klug geworden aus zwei Amtsperioden als Umweltminister, versuchte er gar nicht erst, mit rigoroser Personalpolitik das Auswärtige Amt umzukrempeln. Das AA ist eine altehrwürdige Institution, kompetent, hermetisch, auch elitär in einem durchaus positiven Sinne. In kleinen Zimmern saßen dort zu Bonner Zeiten große deutsche Namen, darunter viele Adelige. Diese Leute erobert man nicht kriegerisch, sondern durch Umarmen und Charmieren. Die höheren Beamten beeindruckte Fischer zunächst schlicht dadurch, daß er sie dort beließ, wo sie waren. Und die unteren Ränge machten die überraschende Erfahrung, daß der Minister auch ihnen zuhörte. Gleich zu Beginn entwickelte sich so eine nachhaltige Euphorie im Apparat. Und auch der Minister schwärmte vom versammelten Sachverstand seines Hauses. Mit ins Ministerium brachte Fischer lediglich: Achim Schmillen, seinen langjährigen Mitarbeiter; Georg Dick, den Freund und Kumpanen aus ganz alten Tagen, den er zum Leiter des Planungsstabes machte; und Sylvia Tybussek, die Fischers Sekretärin blieb. Auch der Pressesprecher Martin Erdmann, den Klaus Kinkel ihm überlassen hatte, durfte zunächst im Amt bleiben, bis der junge, talentierte und den Grünen gegenüber aufgeschlossenere Andreas Michaelis sein Nachfolger wurde.

Auch waren viele Beamte verblüfft von der völlig neuen Anforderung, die Fischer an sie stellte: Sie sollten diskutieren. Nur, wie soll ein guter deutscher Beamter eine Meinung vertreten, wenn er noch nicht weiß, welche Meinung der Minister hat? Eine echte Herausforderung. Ohnehin hat der Minister in seinem Amt eine papstähnliche Stellung. »Der Minister«, das ist eine Zauberformel, die alle rasch in Bewegung setzt. Eine wunderbare Situation für Fischer, weil alles läuft, weil das unausgesprochene Motto des Beamtenapparates lautet: Regieren Sie, wir kümmern uns um den Rest. Dennoch ist der Amtschef zugleich

Herrscher und Sklave des Apparates. Wenn er nicht aufpaßt, wird er 365 Tage im Jahr von morgens bis nachts verplant. Hinzu kommt, daß es im Auswärtigen Amt nur wenige Menschen gibt, die Fischer auch einmal die Meinung sagen, die klar und deutlich widersprechen. »Ja« ist ein Wort, das Minister eher zu oft hören.

Sein Englisch verbesserte Fischer auf die gleiche Weise, wie er immer gelernt hatte, als Autodidakt und nach dem Motto »Learning by doing«. Auch das wieder sehr rasch. Erstaunlicher war, mit welcher Selbstverständlichkeit, in vielen Fällen sogar Herzlichkeit er von seinen Außenminister-Kollegen aufgenommen wurde. Fischer emp-

Souvenirs der Macht. Eines jedenfalls spricht gegen eine zweite Amtszeit: Fischers Büro quillt schon jetzt über von Mitbringseln. Sylvia Tybussek, seine langjährige Sekretärin, kennt diese und andere Schwächen ihres Chefs.

Madeleine Albright
und Fischer ver-
bindet ein ähnlicher
Humor, inklusive
einer Neigung zu
kabarettistischen
Auftritten. Auch nach
ihrer Amtszeit blei-
ben die beiden in
engem Kontakt.

fand es als echten Glücksfall, daß zur Zeit seiner Amtseinführung im
Westen überwiegend linke Regierungen an der Macht waren. Eine
gute Voraussetzung für gemütliche Gespräche. Auch die amerikanische Außenministerin Madeleine Albright war als Linke ins State De-
partment gekommen. Die Jüdin und gebürtige Tschechin war ein Ver-
triebenenkind, so wie Joschka Fischer, wenn auch aus etwas anderen
historischen Gründen. Zudem verfügen Fischer und Albright über
einen ähnlich schelmischen Humor mit einem Hang zu kabarettistischen Einlagen. Zusammengebracht hat sie aber vor allem die Erfahrung des Kosovo-Krieges. Mit ihr blieb Joschka Fischer befreundet,
auch nachdem sie seit dem Machtwechsel im Weißen Haus aus der
großen Politik ausgeschieden war. Als Slobodan Milošević nach Den
Haag ausgeliefert wurde, hat Fischer als erstes Madeleine Albright
angerufen, um ihr – und sich – zu gratulieren.

Doch so harmonisch war das Verhältnis zu Madeleine Albright nicht immer. Bei den Kosovo-Friedensverhandlungen von Rambouillet Mitte Februar 1999 führten zwei Vorentscheidungen zum Scheitern der Gespräche und dann zur Nato-Intervention. Slobodan Milošević hatte nur zweitrangige Leute nach Frankreich geschickt. Fischers Gespräche mit dem serbischen Präsidenten Milutinović waren so gesehen umsonst. Und Madeleine Albright hatte sich entschlossen, den damaligen Chef der albanischen Untergrundarmee oder auch Terrororganisation, Hashim Thaçi, wichtiger zu nehmen als den friedensbereiten Albanerführer Ibrahim Rugova. Die UÇK macht noch heute, lange nach dem Sturz von Slobodan Milošević, den Balkan unsicher.

Je näher man sich an einem Krieg befindet, desto geringer der deutsche Einfluß. Nach dieser bis heute gültigen Faustregel konnte der Neuling Joschka Fischer in Rambouillet nicht viel ausrichten. »Am Anfang wollten die mich ja nicht dabeihaben, und da erlebte ich, daß im Lancaster House ein paar Dinge vorher abgesprochen waren.« Mußte Joschka Fischer in Rambouillet das Verhandeln über Krieg und Frieden noch üben, so wurde er bald darauf zu einer treibenden Kraft innerhalb der »Quint«, der fünf wichtigsten kriegführenden Mächte: USA, Großbritannien, Frankreich, Deutschland und Italien. Er bemühte sich dabei besonders um Rußland, die letzte Großmacht, auf die sich Slobodan Milošević noch glaubte stützen zu können.

Zu verhindern war die Intervention gegen Serbien jedoch nicht mehr. Am 24. März 1999 befand sich Deutschland erstmals seit 1945 wieder in einem Krieg, mit Zustimmung eines grünen Außenministers und seiner Bundestagsfraktion, ohne Mandat der UNO, obwohl auch Fischer das immer als Mindestvoraussetzung angesehen hatte. Vier Jahre zuvor, als die Diskussion um Bosnien lief, sagte Fischer in einem Streitgespräch mit seinem Freund und Interventionsbefürworter Daniel Cohn-Bendit: »Es geht nicht nur um die Tornados, sondern um die Frage, ob man zur Durchsetzung von UN-Zielen eine Beteiligung deutscher Soldaten im ehemaligen Jugoslawien befürwortet. ... Ich bin der festen Überzeugung, daß deutsche Soldaten dort, wo im Zweiten Weltkrieg die Hitler-Soldateska gewütet hat, den Konflikt anheizen und nicht deeskalieren würden.« Zu diesem Zeitpunkt diente der Verweis auf die Vergangenheit – »Hitler-Soldateska« – als Argument gegen einen deutschen Einsatz, und viele Grüne dachten Anfang 1999 immer noch so wie Fischer Ende 1994. Sie sahen nicht ein, warum das

Seit Anfang 1998 eskalierten im Kosovo die Auseinandersetzungen zwischen serbischen Einheiten und der kosovo-albanischen Befreiungsarmee UÇK. Hier das zerstörte Dorf Prekaze.

Massaker von Srebrenica dieses Vergangenheitsargument entkräften sollte. Der Fischer von heute mußte den Fischer von gestern widerlegen. Entsprechend groß war seine Begründungsnot. Er selbst bereut heute nicht den Kosovo-Krieg, sondern daß die »westeuropäische Linke« – sprich: er selbst – so lange zuschaute, wie das wehrlose Sarajevo beschossen wurde.

Der Nato-Luftkrieg gegen Milošević wurde schon nach wenigen Wochen ein immer zweifelhafteres Unterfangen. Der erhoffte rasche Erfolg blieb aus. Das serbische Volk litt, die Infrastruktur des Landes wurde zerbombt, doch Milošević hielt durch. Zum anderen häuften sich die »Kollateralschäden« – im Klartext: Die Zivilbevölkerung wurde getroffen. Die Nato-Intervention geriet darum Anfang April innenpolitisch in die Defensive. Die zuständigen Minister der Bundesregierung reagierten mit moralischer Eskalation. Besonders Verteidigungsminister Rudolf Scharping versuchte in dramatischen Pressekonferenzen zu belegen, daß die Serben dabei waren, einen Völkermord an den Kosovo-Albanern zu verüben. Als Beweis dafür diente ihm der sogenannte Hufeisenplan. Scharping sprach in seinen Pressekonferenzen von »Völkermord«, »Deportation« und »Konzentrationslager«. Auch Joschka Fischer trieb sein öffentliches Gewissensringen auf die Spitze. Gemeinsam mit Scharping instrumentalisierte er nun »Auschwitz«, um die Fortsetzung des Bombardements zu legitimieren: »Ich habe nicht nur gelernt: nie wieder Krieg. Ich habe auch gelernt: nie wieder Auschwitz.« Daß Fischer mit diesem Auftritt am 7. April den Bogen überspannt hatte, bestreitet er auch im Rückblick vehement – er habe die Verbrechen im Kosovo nicht mit Auschwitz gleichgesetzt. Doch er hatte die Intervention mit dem moralisch hochaufgeladenen Argument Auschwitz verteidigt, so wie er wenige Jahre zuvor die Ablehnung eines Bosnien-Einsatzes mit den Taten Hitlers begründet hatte. Mittlerweile spürt Fischer, daß man künftig mit dem Auschwitz-Argument nicht mehr in gleicher Weise wird hantieren können. Scharping und er haben es im Kosovo-Krieg allzusehr strapaziert.

Nach dem gewonnenen Krieg gegen Slobodan Milošević kümmern sich die Deutschen besonders um die Stabilität auf dem Balkan. Der Minister mit Kfor-Soldaten in Prizren am 24. August 1999.

Der Mächtige, verletzlich. Beim Bielefelder Grünen-Parteitag am 13. Mai 1999 wird Fischer von einem gewaltbereiten Pazifisten attackiert, gewinnt aber die entscheidende Abstimmung.

War das im Frühjahr 1999 überhaupt nötig, um die grüne Basis von der Richtigkeit dieses Krieges zu überzeugen? Wahrscheinlich ja. Die Grünen brauchten ein sehr starkes Motiv, um mit ihrem Pazifismus zu brechen. Und das konnte nach Lage der Dinge nur der Antinazismus sein. Ein nur mittelschweres Unrecht hätte womöglich nicht ausgereicht. Dann kam der alles entscheidende Parteitag der Grünen, Bielefeld, 13. Mai 1999. Hier sollte der Krieg zur Abstimmung werden, und mit ihm das Schicksal der Grünen. Auch die Radikalen von gestern – Thomas Ebermann und Jutta Ditfurth – wollten sich das

172

nicht entgehen lassen. Daß es die Grünen nach dem Parteitag nicht mehr geben würde, davon waren sie überzeugt. Sollte Fischer keine Mehrheit bekommen, dann würde die Partei aus der Regierung geworfen und Jutta Ditfurth wieder eintreten. Fände die Kriegspolitik dagegen Unterstützung, dann wären die Grünen nicht mehr die Grünen, sie wären eine andere Partei.

Die Ausgangslage in der von Demonstranten belagerten Versammlungshalle war für Joschka Fischer ideal: aufgeheizte Stimmung, der Geruch von Buttersäure hing in der Luft, aufgeputschte Gegner, unentschlossene eigene Truppen. Nun erwies sich das Netzwerk der Macht, das Fischer auf rüde Weise nach der Bundestagswahl zusammengezurrt hatte, als recht stabil, zumal mittlerweile auch diejenigen von der Regierungsmacht profitierten, die bei der Postenvergabe leer ausgegangen waren. Regieren macht eben auch die einfachen Abgeordneten bedeutender. Und alle zusammen, jedenfalls die Bonner Profis, empfanden den Druck der historischen Situation. Wichtiger als der Rückenwind war für den Auftritt von Joschka Fischer bei diesem Parteitag allerdings der Gegenwind. Richtig schlecht ist er als Redner nur, wenn die Spannung zu gering ist. Wenn man hingegen versucht, ihn wie in Bielefeld niederzubrüllen, dann wirkt er stark und überzeugend.

Hinzu kam der Farbbeutel. Ein gewaltbereiter Pazifist aus Berlin hatte dem Außenminister vor seiner Rede einen Beutel orange Farbe an das rechte Ohr geschleudert. Es war ein schmerzhafter Schreck für Fischer und ein heilsamer Schock für den Parteitag: Fischer ist heute verletzlich, hieß das, und auch: Diesmal können wir ihm keine Niederlage beibringen und hoffen, anschließend sei alles halb so wild. Wenn es noch eines Zeichens bedurft hätte, um die Stimmung der Mehrheit zugunsten des grünen Außenministers zu wenden, dann war es diese Farbattacke. Der Werfer rühmte sich noch Wochen nach dem Parteitag in Berliner Szenekneipen seiner Tat und wurde in der linken Szene dafür gefeiert. In Bielefeld war nach dem Angriff bereits alles entschieden, bevor Fischer zum Rednerpult ging. Farbflecken auf der Jacke, tiefe Sorgenfalten, so trat er schließlich ans Mikrofon und bat um Unterstützung. Seine Rede war klugerweise nicht brillant, er traf den Ton und bekam fast eine Zweidrittelmehrheit. Kaum ein prominenter Grüner stellte sich gegen ihn. Mit einer Ausnahme: Bärbel Höhn, die Umweltministerin von Nordrhein-Westfalen. Knapp zwei

Jahre später verhinderte Fischer, daß sie Verbraucherministerin in Berlin wurde.

Die Grünen hatte Joschka Fischer in Bielefeld gewonnen. Doch der Krieg gegen Milošević dauerte an. Am 6. Mai stellten die Außenminister der G-8-Staaten auf dem Bonner Petersberg einen Friedensplan auf. Der Frieden kam jedoch erst, als Slobodan Milošević merkte, daß auch seine russischen Freunde nicht mehr hinter ihm standen. Dazu hat Joschka Fischer einiges beigetragen, indem er die russische Seite diplomatisch einband. Ein Zweites wird zum Rückzug Miloševićs beigetragen haben: Die Nato drohte immer deutlicher mit Bodentruppen. Und das war, wie später bekannt wurde, keine leere Drohung. Wie aber wäre es dann um die Bündnistreue der rot-grünen Regierung bestellt gewesen?

Der Kosovo-Krieg hat Fischer ins Zentrum der internationalen Politik befördert, die Regierung hatte sich stabilisiert, die Grünen waren nicht auseinandergefallen. Und Fischer war populärer denn je. Die politischen Lehren aus dem Kosovo-Krieg waren für Deutschland und Europa allerdings einigermaßen paradox. Weil die Europäer im Vergleich zu den USA in allen Belangen – militärisch, logistisch, nachrichtendienstlich – unterlegen waren, wurden sie zu bloßen Gehilfen der Amerikaner, oft schlecht informiert, meist mit geringen Mitgestaltungsmöglichkeiten und Einspruchsrechten. Und da man den Amerikanern wohl nicht ganz zu Unrecht eine besondere Neigung zur militärischen Intervention nachsagt, wäre die paradoxe Konsequenz für Europa, auch für Deutschland, mehr Geld in die Rüstung, vor allem in neue Transportflugzeuge und in Satelliten, zu stecken. Solche Gedanken gingen dem jungen Außenminister am Ende des Kriegs durch den Kopf: Die volle Last der Begründung daheim hatte er zu tragen, aber bei Entscheidungen mitreden, das durfte er kaum. Diese Zwangssituation machte Fischer wirklich zu schaffen. So stark hatte er sich die Dominanz der Amerikaner nicht vorgestellt. Zukünftig, versprach er im kleinen Kreis, dürfe man ein solches Ungleichgewicht, eine derartige Intervention am Völkerrecht und an der UNO vorbei nicht mehr hinnehmen. Die US-Dominanz, ja Arroganz sollte dennoch, keine zwei Jahre später, noch unverhüllter zum Vorschein kommen. Auch dieses Paradox wird ihm bei Gelegenheit erneut in den Sinn kommen: Wer die Außenpolitik pazifizieren will, braucht mehr Kraft, nicht weniger. Und muß sich wünschen, daß der berüchtigte

500-Pfund-Gorilla 800 Pfund wiegt. Vorausgesetzt, er hat den richtigen Dompteur. Zum Beispiel Joschka Fischer.

Nach dem Krieg setzte in der rot-grünen Außenpolitik erstmals so etwas wie Normalität ein. Doch was machte diesen außenpolitischen Alltag aus? Vor allem dreierlei: Europa, Europa, Europa. Joschka Fischer hatte sich von Anfang an in die Kontinuität der Europapolitik von Helmut Kohl gestellt. Auch sein Motiv war dasselbe: Nie wieder sollte der Kontinent in hegemoniale Nationalstaaten zerfallen, die um Einflußsphären kämpfen. Darum gebe es keine Alternative zur EU und

Fischers berüchtigte Rhetorik des Warnens und Drohens scheint ihm bis heute unverzichtbar, um seine Partei auf Regierungskurs zu halten.

175

für die EU nichts anderes als eben: Erweiterung und Vertiefung. So unzweifelhaft richtig dieses Ziel ist – es wird mit der Zeit nicht eben populärer. Bei Helmut Kohl schwang in dem Zusatz »großer Europäer« vor allem Bewunderung mit. Sollte dieses Attribut Joschka Fischer je zugeschrieben werden, so klänge es nüchterner: Der muß das gleiche tun wie Helmut Kohl, nur viel später.

Kohl konnte mit der Wiedervereinigung auch europapolitisch noch einmal Schwung nehmen. Die Wirtschafts- und die Währungsunion ließen sich relativ leicht von einem Deutschen durchsetzen, weil sie unter anderem dazu dienten, das größer gewordene Deutschland europäisch einzubinden. Mittlerweile ist die EU für die meisten Bürger zu einer abstrakten Notwendigkeit geworden, etwas Unvermeidliches und Ungeliebtes. Mit abstrakten Stichworten wie »Erweiterung« oder »Vertiefung« ist da kein Preis zu gewinnen. Fischer drückte die Schwierigkeit so aus: »Dieser europäische Einigungsprozeß ist gegenwärtig bei vielen Menschen ins Gerede gekommen, gilt als eine bürokratische Veranstaltung einer seelen- und gesichtslosen Eurokratie in Brüssel und bestenfalls als langweilig, schlimmstenfalls aber als gefährlich.« So beginnt seine bekannte Humboldt-Rede, die er am 12. Mai 2000 gehalten hat. Halten mußte – denn die Kritik an seiner Außenpolitik wuchs: zu pragmatisch, ohne Vision, auf bloßes Reagieren beschränkt. Voilà: Hier war sie also, die Vision für Europa. Fischer schlug vor, eine Kammer für das Europaparlament zu etablieren, in der auch Abgeordnete aus den nationalen Parlamenten sitzen. Damit wollte er dem wenig legitimierten Straßburg mehr Gewicht und den Bürgern mehr Identifikationsfläche verschaffen. Er hatte damit wichtige Schritte der EU angeregt, die später, beim Gipfel in Laeken oder beim Verfassungskonvent, Wirkung zeigen sollten. Seine Rede fand ein großes Echo und dient Fischer bis heute als Referenz, wenn er wieder einmal nach der großen Perspektive gefragt wird. Das nervt ihn sicherlich. Seine Visionen seien kein Geschwätz, sondern Taten, antwortet er dann.

Geradezu wie in den Fünfzigern. Die Formen der Diplomatie haben sich gelockert. Locker sind sie nicht. EU-Treffen im Schloß Reinhartshausen 1999.

Der europäische Einigungsprozeß mit seinen Gipfeln in Nizza, Göteborg oder anderswo ähnelt im übrigen in seiner inneren Logik grünen Parteitagen: Man schreitet von Niederlage zu Niederlage voran. Es fällt Joschka Fischer nicht schwer, diese Schnecke zu reiten und sie als flinkes Wiesel zu verkaufen. Allzuviel europapolitische Emphase erwartet er von den Bürgern ohnehin nicht mehr. Aber das hat er schon

bei den Grünen gelernt: Wenn es mit Emphase nicht geht, dann eben ohne. Die Bürger müssen Europa nicht lieben, ja nicht einmal wollen. Es reicht, so meint er, wenn sie es hinnehmen. Die Logik der Alternativlosigkeit, wieder einmal. Die Wahl zwischen Europa und Nationalismus ist heute nicht mehr sein zentrales Problem, sondern die Weiterentwicklung der EU selbst. Entweder, so hart sieht es Fischer, die Union wird sich grundlegende andere Entscheidungsverfahren suchen, um weltpolitisch und innenpolitisch mithalten zu können, oder sie wird in Bedeutungslosigkeit und Stagnation versinken. Dies zu verhindern ist, jenseits aller Kriege und Krisen, sein außenpolitisches Ziel.

Das Was der deutschen Außenpolitik hat sich von Klaus Kinkel zu Joschka Fischer kaum geändert. Das Wie durchaus. Kinkel war ein mäßiger Außenminister, vor allem aufgrund seiner hölzernen Art und seines mitunter brutal wirkenden Auftretens. Neben dem Über-Außenminister Helmut Kohl machte der FDP-Mann meist eine schlechte Figur. Fischer wirkte von Anfang an souveräner, auch entspannter. Doch kommt er als Außenminister auch in Situationen, in denen er verkrampft und alle Lockerheit schwindet. Die Politiker-küßt-Kinder-Nummer beispielsweise ist ihm zuwider. Bei seiner ersten Afrikareise sollte er einem behinderten Mädchen, das mit seinen Schneiderarbeiten die ganze Familie ernährte, eine nagelneue Nähmaschine übergeben. Da fühlte sich der sonst so souveräne Minister sichtlich unwohl in seiner Haut. Wohin mit den Händen, was sagen, wie gucken?

Zweifellos politische Absicht ist hingegen, daß er öffentlich nur noch äußerst selten aus dem sprachlichen Korsett der Diplomatie schlüpft. »In dem Moment, wo man etwas sagt, legt man sich fest. Am besten ist es, lange Zeit gar nichts zu sagen, um alle Optionen offenzuhalten. Denn es ist politisch unendlich teuer, eine Festlegung zurückzunehmen. Weil man damit Deutschland festlegt.« Bei seiner ersten Nahost-Reise hat ihm das diplomatische Nichtssagen einige Schwierigkeiten mit den Journalisten eingetragen, die ihn begleiteten. Von morgens bis abends nur gestanzte Formeln, für die Presse ist das ein Alptraum. Von Joschka Fischer hatten sie mehr erwartet, mehr Witz, mehr Originalität, irgendwas Überraschendes. Ohnehin tendierte die ewige Haßliebe zwischen Joschka Fischer und den Journalisten seit seinem

Dickhäuter auf Dickhäuter. Auch das gnadenlos gute Gedächtnis teilt Fischer mit dem Tier. Bei der Eröffnung der Deutschen Festspiele in Indien im September 2000.

Fremd unter Fremden. Joschka Fischer mag das Politiker-küßt-Kinder-Getue nicht. In solchen Situationen verkrampft er.

Amtsantritt eher in Richtung Haß. Das hatte zunächst mit dem zu tun, was man sein Duz-Problem nennen könnte. Der allzu vertraute und vertrauliche, der rotzig-kumpelhafte, dann wieder sehr persönliche Umgang mit einigen Journalisten ließ sich auf dem Gipfel der Macht, den Fischer nun erklommen hatte, so nicht mehr fortsetzen. Das führte zu Frustrationen auf beiden Seiten. Aus Joschka war Herr Minister Fischer geworden, und der galt plötzlich als ziemlich abgehoben. Aus Sicht des Außenministers lag und liegt das Hauptproblem bei der Presse. Es gebe einfach, so Fischer, zu wenige für Außenpolitik kompetente Journalisten und zu viele, die trotzdem darüber schreiben. Fischer sieht sich zuweilen in der Rolle eines Weltklassetenors, der ständig vor einem André-Rieu-Publikum in der Stadthalle von Brilon singen muß.

Der folgenreichste Unterschied zwischen Joschka Fischer und seinen Vorgängern findet sich jedoch in einer anderen Stilfrage. Die deutsche Vergangenheit ist für ihn, den Spät-Achtundsechziger und Ex-Sponti, kein Defensivthema mehr, auch nicht in seinen internationalen Gesprächen. Natürlich beschönigt er nichts an den Verbrechen der deutschen Vergangenheit, käme nie auf die Idee, die historische deutsche Schuld leugnen zu wollen. Im Gegenteil. Dieses Thema ist sein Thema. Er macht hier nicht nur keine Fehler, wie sie beispielsweise Helmut Kohl unterlaufen sind, als er von der Gnade der späten Geburt sprach oder Gorbatschow mit Goebbels verglich. Fischer – um es etwas zu überspitzen – brilliert beim Gespräch über den Nationalsozialismus. Niemand wird ihn auf diesem Feld so leicht an Eifer und Kenntnissen übertreffen. Hier ist er als deutscher Außenminister eine Idealbeset-

Die deutschen Verbrechen, der Holocaust, überhaupt der Zweite Weltkrieg – Joschka Fischer macht hier nicht nur keine Fehler, er ist in seinem Element. Kranzniederlegung in Hiroshima am 31. Oktober 2000.

zung. Gerade dadurch vermag er die wunde Stelle deutscher Außenpolitik in eine relative Stärke zu verwandeln. Ob in Washington oder in Warschau, ob in Israel oder in Japan: Vergangenheit? Darf's ein bißchen mehr sein? Als er sich irgendwann im Jahr 2000 müde und gelangweilt durch die Volksrepublik China kutschieren, sich von einem lächelnden Gesprächspartner zum nächsten schieben ließ, da wachte er erst auf, als es um den Boxeraufstand ging, Vergangenheit, Kolonialismus, Wilhelminismus – endlich mal was Interessantes. Joschka Fischer ist, ohne daß er das jemals aussprechen würde, ein begnadeter Spätgeborener. Er profitiert in diesem Punkt auch ungemein von seinen Vorgängern aus dem bürgerlichen Lager. Nun, in seiner Amtszeit, entfaltet sich eine Wahrheit vollends, die schon die Außenpolitik Kohls bestimmte: Die Freiheit der Deutschen liegt im Erinnern, nicht im Vergessen.

Dreißig Jahre danach: Die Wiederkehr des Verdrängten

Mit Erinnerungen ganz anderer Art begann für den Außenminister das Jahr 2001. Auch dabei ging es um deutsche Geschichte, um einen winzigen, jedoch spektakulären Ausschnitt. Es ging um Joschka Fischer, seine Zeit als Straßenkämpfer in Frankfurt und um eine Frage, die durch den Gang der Ereignisse längst beantwortet schien: Kann einer mit dieser Vergangenheit deutscher Außenminister sein?

Moralisch gesehen hatte Fischer mit seiner Trauerarbeit der späten siebziger Jahre die Exzesse aus seiner militanten Phase gesühnt. Doch statt es bei der Zerknirschung bewenden zu lassen, entwickelte der geläuterte Militante in den Jahren und Jahrzehnten danach neuen Stolz auf seine Kampfzeit. Er instrumentalisierte sie: gegen die Jüngeren, die anämischen Akademiker in den eigenen Reihen, die Gescheitelten in der Union, die ewigen Jusos in ihrem sozialdemokratischen Vereinsheim und die grundlos Erfolgreichen in der FDP. Gegen sie alle richtete sich sein militant-rebellischer Gestus, den er aus dieser Zeit herübergerettet hatte, ebenso wie die Version seiner Geschichte, die er verbreitete. Fischers »Vergangenheit« in der »Putz«-Gruppe

– ohne Details – blieb eines seiner Prunk- und Renommierstücke, selbst als er bereits Außenminister war. Das galt sogar noch, als am 3. Januar 2001 im ›Stern‹ Fotos abgedruckt wurden, die den Straßenkämpfer Fischer dabei zeigen, wie er mit anderen zusammen auf einen einzelnen Polizisten einschlägt. Was nach Veröffentlichung dieser Bilder folgte, war eine der dramatischsten Phasen im Leben von Joschka Fischer – eine der ganz wenigen, bei denen er die Kontrolle verlor.

Anlaß dafür, daß Fischers Frankfurter Zeit überhaupt noch einmal zum Thema wurde, war der Prozeß gegen den Terroristen Hans-Joachim Klein, den ehemaligen Mitkämpfer Fischers bei den militanten Spontis. Plötzlich wurde seine Vergangenheit, auf die er alles in allem doch immer stolz geblieben war, instrumentalisiert – allerdings nicht mehr von ihm für sich, sondern von anderen gegen ihn. Und das traf Joschka Fischer in seinem eitelsten und selbstgerechtesten Punkt. Für einen Moment verstand er die Welt nicht mehr, ihm schwante nur etwas. Etwas Böses. Nach gerade zwei Jahren im Amt brachte die Wiederentdeckung seiner Vergangenheit den deutschen Außenminister an den Rand des Rücktritts.

Daß es soweit kam, hatte er in erster Linie selbst verschuldet. Drei rasch aufeinanderfolgende Interviews machten deutlich, wie schwer es Joschka Fischer fiel, sich – wo es um seine eigene Vergangenheit ging – vom Hochmut zur Demut zu bewegen. Bei seinem ersten Interview, das zusammen mit der Veröffentlichung der Fotos im ›Stern‹ erschien, wurde er gefragt, ob es für ihn nicht unangenehm sein werde, im Klein-Prozeß auszusagen. Fischers Antwort: »Nein. Ich sehe das nicht als unangenehm an. Das ist meine Biographie. Das bin ich. Ohne meine Biographie wäre ich heute ein anderer, und das fände ich gar nicht gut.« Er vermochte nicht zu erkennen, was an einer Geschichte, die zu einem derart überzeugenden Ergebnis – nämlich Joschka Fischer – geführt hatte, schlecht gewesen sein könnte. Seine militante Phase war ihm partout nicht unangenehm, obwohl die neben dem Interview abgedruckten Bilder unzweideutig eine Situation zeigten, in der sich Fischer niederträchtig verhalten hatte. Der deutsche Außenminister versuchte dann die Gewalt, die er ausgeübt hat, als eine Art Notwehr gegen brutale Polizeiübergriffe darzustellen und zu verharmlosen: »Wir wurden verdroschen, aber wir haben auch kräftig hingelangt.« Ob er nur geprügelt oder auch Steine geworfen habe, wollten die Journalisten wissen. »Das fragen Sie doch mal bei Ihnen in der Redaktion herum. Fragen Sie auch ruhig mal im Deutschen Bundestag. Was mich betrifft: Ich bin ein schlechter Werfer. Zu kurze Hebel.« Das war wahrscheinlich der Tiefpunkt seines ersten Rechtfertigungsversuches. Gewalt gegen Polizisten erschien dem Außenminister als eine Art folkloristischer Zeiterscheinung. Die Tatsache, daß die Polizisten im großen und ganzen den Rechtsstaat verteidigten, den Fischer und seine Leute bekämpften, fiel für seine Beurteilung weniger ins Gewicht. Und dann noch der Scherz über zu kurze Hebel – es war schon atemberaubend, daß der mit allen medialen Wassern gewaschene Fischer glaubte, damit durchzukommen. Die Reaktionen auf die Fotos und auf sein Interview waren jedenfalls verheerend genug, um bei Fischer einen Wechsel in der Tonart herbeizuführen.

Am 8. Januar folgte das zweite Interview in eigener Sache. Gegenüber dem ›Spiegel‹ gelang es Fischer, die Fehler seines ersten Auftritts zu vermeiden. Dafür machte er andere. Der demonstrative Hochmut war verschwunden, der Sündenstolz zurückgedrängt. Fischer versuchte, die Vorgänge von damals zu erklären, und bemühte sich, die gravierendsten Anschuldigungen – eine Verwicklung in den Brandanschlag auf Jürgen Weber 1976 – zurückzuweisen. Würde dem Außenminister eine Beteiligung nachgewiesen, soviel war klar, wäre sein Rücktritt unausweichlich geworden.

Auch der ›Spiegel‹ präsentierte keine neuen Indizien. Doch sind Affären für Politiker in der Regel nicht deshalb so bedrohlich, weil in deren Verlauf stichfeste Beweise auftauchen. Gefährlich sind eher die Unachtsamkeiten oder falschen Aussagen in der Nebensache. Genau die unterliefen jetzt auch Fischer: Auf die Frage, ob er sich 1970 in einem PLO-Camp aufgehalten habe, antwortete er ironisch: »Oh, ja! Sonst noch was? Ich war 1966 auf einer völlig unpolitischen Tramptour im Nahen Osten. Erst in den neunziger Jahren bin ich wieder nach Israel und in die arabischen Länder gekommen: als Außenminister.« Diese Aussage war gleich doppelt falsch. Fischer hatte schon als Fraktionsvorsitzender der Grünen im Jahre 1994 Israel besucht. Daß diese Fehler sogar bei der Autorisierung des Interviews durchgehen konnten, zeigt, wie sehr die Dinge im Auswärtigen Amt außer Kontrolle geraten waren. Aber erst der andere Teil der Unwahrheit wuchs sich in den folgenden Tagen zu einer dieser Affären in der Affäre aus:

Rückblende mit Folgen. Als der ›Stern‹ am 3. Januar 2001 die Fotos aus Fischers militanter Vergangenheit veröffentlicht, beginnt für diesen die zermürbendste Phase seiner politischen Karriere.

184

„Ja, ich war militant"

Mitte Januar sitzt Joschka Fischer im Prozess gegen den RAF-Terroristen Hans-Joachim Klein auf der Zeugenbank. Mit dem stern sprach er über seine Vergangenheit als Straßenkämpfer und die Faszination von Gewalt

Herr Fischer, im Januar werden Sie als Zeuge im Prozess gegen den Ex-Terroristen Hans-Joachim Klein, einen Ihrer Mitkämpfer und Freunde, gehört. Sie reden über seinen Weg in den Terrorismus aussagen. Klein muss sich wegen dreifachen Mordes verantworten...

Ich werde vor Gericht nach bestem Wissen und Gewissen aussagen. Was ich zu sagen habe, werde ich dort sagen.

Eine unangenehme Angelegenheit für den Außenminister aus Deutschland.

Nein. Ich sehe das nicht als unangenehm an. Das ist meine Biografie. Das bin ich, Joschka Fischer. Oder meine Sorge ist eine Biografie, und das lande ich gar nicht gut.

Wie würden Sie denn heute Ihre Rolle in den 70er Jahren beurteilen? Zu beweisen Sie sich in Gewaltexzeß von Straßenprotest und betrieblicher Militanz.

Das war nicht nur im Grenzbereich, da gibt es nichts schönzureden. Ja, ich war militant. Den bewaffneten Kampf habe ich aber immer abgelehnt und a heftig politisch bekämpft.

„SCHLEPPT NICHT WEG, SONDERN DER POLIZEI EINE GEBEN"

„WIR WAREN ALLE SCHOCKIERT, ALS KLEIN NACH DEM OPEC-ÜBERFALL IN DER ZEITUNG MIT BAUCHSCHUSS AUFTAUCHTE"
Fischer beim stern-Gespräch im Auswärtigen Amt in Berlin

DIE „PUTZGRUPPE"
„Einen Polizisten klatschen"

STRASSENKAMPF Fischer (schwarzer Helm) stellt sich ❶ — **„PUTZGRUPPE" IM EINSATZ** Die ❷ ❸ — **HELM AB** Der Polizist ist ohne Kopfschutz, Fischer schlägt zu ❹ — **PRÜGEL** Das Opfer liegt am Boden und wird getreten

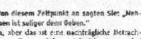

„Wir wurden verdroschen, aber wir haben auch kräftig hingelangt"

GANZ SPONTI Fischer 1973 bei einem „Rache im Straßenkampf" in der Frankfurter Uni

„Ich akzeptiere Gewalt nur als äußerste ultima ratio"

GANZ STAATSMANN Fischer am vergangenen Mittwoch im Innenhof des Ministeriums

Fischer hatte nämlich im Jahre 1969 mit einer Delegation des Sozia-
listischen Deutschen Studentenbundes (SDS) an einem PLO-Kongreß
in Algier teilgenommen.

Nach dem Hochmut vom 3. Januar und den Unbedachtheiten am
8. Januar folgte zwei Tage später in der Talkshow von Joachim Gauck
Fischers Absturz. So klein und hilflos hatte man ihn in der Öffentlichkeit vorher nie gesehen. Gauck, der ostdeutsche Bürgerrechtler und
ehemalige Leiter der nach ihm benannten Behörde, schlug einen
Bogen von den jungen Rechtsradikalen von heute zu den Linksradikalen von damals: »In Ihrer damaligen Sprache wurde dann ›Bullen-
klatschen‹ trainiert, ja, was muß ich mir da vorstellen? Ist das so ähnlich wie das, was wir heute in einigen ostdeutschen Arealen erleben, daß dort rechte Jugendliche nun ›Zeckenklatschen‹ trainieren?«

Schon allein mit dieser Frage war die Rechtfertigung, man habe in
den siebziger Jahren gegen die Wiederkehr des Faschismus gekämpft,
außer Kraft gesetzt. Gauck stellte sich auf den scheinbar naiven
Standpunkt, Gewalt sei Gewalt und Gesetzesbruch eben Gesetzesbruch. Dem hatte Fischer an diesem Abend nichts entgegenzusetzen.
Hochmut war zu Kleinmut, für einen Moment vielleicht sogar zu
Demut geworden.

Machtpolitisch war die Angelegenheit klar: Würde Fischer stürzen,
dann wäre Rot-Grün am Ende, und die Grünen würden in der Bedeutungslosigkeit versinken. Die schließlich so erfolgreiche Achtundsechziger-Generation hätte ihr letztes Gefecht verloren. Für die Union
und die FDP, auch für die letzten Kalten Krieger in den Medien, hatte
die Affäre somit einen beträchtlichen Reiz. Das jedoch fügte sich für

den Außenminister zum Glücksfall. Denn seine Gegner konzentrierten sich nun nicht mehr nur auf die Vorwürfe gegen Fischer, sie weiteten, allzu siegesgewiß, die Kampfzone aus. Nun ging es um eine Generalabrechnung mit den Achtundsechzigern.

Das war gleich dreifach ungeschickt. Zum einen ist Joschka Fischer kein wirklicher Achtundsechziger, eher ihr erster und bester Epigone. Zum zweiten trug die Opposition gerade durch ihre Pauschalangriffe dazu bei, daß immer mehr Freunde aus der SPD, der eigenen Partei und den linksliberalen Medien Entlastungsangriffe starteten. Und drittens war 1968 längst als positive Bewegung in die Geschichte der Bundesrepublik eingegangen, sie war historisiert und als »Guthaben« verbucht. Die Deutschen – vor allem die Westdeutschen – wollten sich ihre Geschichte nicht nehmen lassen – und auch nicht ihren Fischer, den Mann, der die Früchte des Irrtums geerntet hatte und die Nobilität des Umdenkens repräsentierte wie kein anderer. In gewisser Weise hatte die CDU die Bürger vor die Wahl gestellt: Wen wollt ihr lieber, die Braven oder die Echten? Man muß sein Volk schon sehr schlecht kennen, wenn man glaubt, bei einer solchen Abstimmung eine Mehrheit zu bekommen. Fischers Umfragewerte blieben recht konstant.

Eigentlich war die Schlacht also schon geschlagen, bevor sie ihrem vermeintlichen Höhepunkt zustrebte – der Aussage Fischers vor dem Frankfurter Schwurgericht am 16. Januar. Dort gelang es ihm zunächst, seine in den letzten Wochen gefundene Ideallinie zu verfolgen: den Ton in Moll halten, in gefaßter Haltung dasitzend die damalige Zeit erklären, ohne sie zu rechtfertigen – und alles zurückweisen, was wirklich gefährlich werden könnte. Zum Schluß aber griff er dann doch noch einmal daneben. Ohne Not gab er zu Protokoll, vor fünfundzwanzig Jahren zu der damaligen Terroristin Margit Schiller keinen Kontakt gehabt zu haben. Diese Aussage kommentierte eine lebenserfahrene Parteifreundin hinter vorgehaltener Hand mit den Worten: »Joschka will wissen, mit wem er vor fünfundzwanzig Jahren gefrühstückt hat? Ich weiß noch nicht mal, mit wem ich damals geschlafen habe!« Zwischenzeitlich schien es fast egal geworden, welche weiteren Enthüllungen über seine Vergangenheit folgen würden, Hauptsache, es würde irgend etwas ans Licht kommen.

Joschka Fischer hat in dieser Zeit schwer gelitten. Er war gereizt, deprimiert, mitunter sogar verzweifelt. Das alles wohl weniger wegen des schlechten Gewissens gegenüber den Polizisten, die er verprügelt hatte, als wegen der vielen Hiebe, die er selbst hatte einstecken müssen. Vor allem aber schmerzte ihn sein Kontrollverlust: Fischer ist vieles von dem, was in seiner Frankfurter Zeit passiert war, entfallen. Er hat darum mit Freunden und Genossen von damals telefoniert, um seine Erinnerungsreste mit den ihren abzugleichen.

Fischer empfand es als schreckliche Pein, während der ganzen Affäre im Dreiteiler des Außenministers gefangen zu sein und – wie er es bildlich ausdrückte – nicht wieder die Lederjacke anziehen zu dürfen, um sich zu verteidigen. Während der Affäre und in den Wochen danach ereiferte er sich immer wieder gegen die Heuchler der Union. Wie gerne wäre er auf deren Provokationen eingegangen. Wenn er gedurft hätte.

Doch er hätte dann auch etwas versäumt. Denn die Affäre, oder genauer gesagt: die Tatsache, daß er nicht in der alten Fischer-Manier agieren konnte, hat ihn verändert. Es wäre zuviel, ihm Bescheidenheit zu unterstellen, sie paßt nicht recht zu ihm. Ein anderer Begriff paßt dagegen besser: Dankbarkeit. »Ich habe viel Solidarität erfahren. Aber immer, wenn man kämpft, kommt man ohne Solidarität nicht aus. Die Frankfurter Szene, das ist meine lebensgeschichtliche Prägung. Jetzt ist das alles wieder hochgekommen. Und das zeigt auch, wie tief die Wurzeln sind. Leute, die ich Jahrzehnte nicht mehr gesprochen habe – das alles hat vieles reaktiviert. Es hat mich geprägt in einer entscheidenden Phase des Erwachsenwerdens.« So spricht Fischer heute über den Beistand seiner Freunde und ehemaligen Genossen.

Als Fischer Anlehnung brauchte, Verschwiegenheit und Rat, war es vor allem Daniel Cohn-Bendit, der ihm half. Er hat in Frankfurt den Ernst der Lage klargemacht und sogar bei Thomas Schmid angerufen, dem früheren Mitkämpfer und heutigen ›FAZ‹-Redakteur, der sich zu Beginn der Affäre als einer von Fischers schärfsten Kritikern präsentiert hatte – mitunter so unerbittlich und gnadenlos, wie es wohl nur ein ehemaliger Mitkämpfer vermag. Cohn-Bendit hat ihm gesagt, daß mit Fischer auch viele andere fallen würden, die damals mit dabei waren.

Die Spontitruppe hielt – zwei Jahrzehnte nach dem Ende aller Revolutionen – zu ihrem Außenminister. Es sind die gemeinsam durchlebten Irrtümer, die Erfahrung überstandener Selbstgefährdung, die sie davon abhielten, im Januar 2001, als Fischers Schicksal auf der Kippe stand, den letzten Stein zu werfen. Letztlich ähneln die Spontis, verschworen und elitär, wie sie sind, einer ganz gewöhnlichen Burschenschaft. Das Frankfurter Spontiplenum kann, in gewisser Hinsicht, als eine der erfolgreichsten schlagenden Verbindungen in der Geschichte der Republik angesehen werden. Und als eine der sympathischeren.

Während der ganzen vier Monate dauernden Affäre beunruhigten Fischer die möglichen Auswirkungen auf dem diplomatischen Parkett. Doch die Reaktionen blieben glimpflich, manchmal kumpelhaft heiter. Befreiend wirkte auf ihn, wie die ehemalige amerikanische Außenministerin und Freundin Madeleine Albright die Nachrichten über seine dunkle Vergangenheit aufnahm. Halb anerkennend, halb lapidar sagte sie: »Ich wußte, daß du ein schlimmer Junge warst, aber so schlimm: interessant.« Trotz des Wohlwollens, mit dem man ihm

begegnete, fiel es Fischer schwer, neben dem Affärenmanagement auch noch Außenpolitik zu betreiben.

Im Grunde hatte Fischer im ersten Halbjahr 2001 eine diplomatische Auszeit genommen. Die Affäre, die ihn fast das Amt kostete, hatte alles dominiert. Erst die Nahost-Reise markierte seine Rückkehr ins Amt – und eine neuerliche Zäsur. Aus den Niederungen seiner persönlichen Vergangenheitsbewältigung stieß Fischer nun in eine neue Dimension seiner Außenpolitik vor.

Anlehnung, Verschwiegenheit und Rat fand Fischer während der Vergangenheitsdebatte vor allem bei seinem ältesten Freund, Daniel Cohn-Bendit.

191

Eine Grenze erkennen heißt sie überschreiten

Um Pfingsten 2001 reiste Joschka Fischer in den Nahen Osten. Diese Woche in Israel, Palästina und Ägypten zeigte ihn von seiner besten Seite, und es waren – außenpolitisch – zugleich seine dramatischsten Tage seit dem Kosovo-Krieg. Seit Monaten kam es zwischen Israelis und Palästinensern zu Gewalttaten, jedoch auf einem für die Region relativ niedrigen Niveau. Fischer wollte lediglich Millimeterarbeit leisten, mehr nicht. Dann kam alles anders.

Am Abend des 1. Juni, dem Tag von Fischers Ankunft in Tel Aviv, zündet ein palästinensischer Selbstmordattentäter vor einer Diskothek am Strand von Tel Aviv eine Bombe. Sie verletzt fast hundert Jugendliche, siebzehn werden bis zum nächsten Morgen sterben, zwölf Jungen, fünf Mädchen. Am Ende wird man zweiundzwanzig Opfer zählen. Israel erlebte den schlimmsten Anschlag seit fünf Jahren. Fischer wußte schnell, daß sein Ziel, hier den Friedensprozeß ein wenig voranzubringen, in weite Ferne gerückt war. Seine diplomatische Mission

Am Morgen nach dem blutigen Anschlag auf eine Disko in Tel Aviv legt der deutsche Außenminister weiße Lilien am Tatort nieder. 2. Juni 2001.

würde nun entweder ganz scheitern oder hilfreicher sein, als er vor der Reise erwartet hatte. Es begann die Nacht der Telefonate. Er kondolierte Schimon Peres, konsultierte den EU-Außenminister Javier Solana und informierte den Bundeskanzler. Eine Abreise kam für Fischer zu keinem Zeitpunkt in Frage, aber für den nächsten Morgen war ein Termin bei Arafat geplant, auch ein Essen stand auf der Tagesordnung. Geht das? Ein Massaker in Tel Aviv und eine Tafelrunde im palästinensischen Ramallah?

Am nächsten Morgen besucht Fischer die Stätte des Massakers. Er geht über den mit Blutflecken bedeckten Parkplatz und legt ein paar weiße Lilien nieder. Die Kameras warten schon, die des israelischen Fernsehens vor allem. Fischer spricht sein Mitgefühl aus und sagt: »We understand the situation.« Was natürlich nicht stimmt. Vielleicht durchschaut er, was hier läuft, aber verstehen ...

Dann bricht er nach Ramallah auf. Das Essen ist aus dem Programm gestrichen worden. Jetzt gehe es hier nicht mehr um nette Atmosphäre, es gehe auch nicht mehr um Tage, sondern um Stunden, sagt Fischer. Tatsächlich tagt zur gleichen Zeit der israelische Sicherheitsrat, unter starkem Druck, etwas zu tun, irgend etwas. Peres hat Joschka Fischer telefonisch gebeten, er solle Arafat den Ernst der Lage klarmachen. Es liegt Krieg in der Luft.

Solange der deutsche Außenminister im Wagen das palästinensische Autonomiegebiet durchquert, schweigen die Waffen. Man wird ihn nicht beschießen wollen. Am besten, der Wagentroß hört gar nicht mehr auf zu fahren. Die Kolonne kommt dann aber doch beim Checkpoint an, einer Slumversion der innerdeutschen Grenze. Der Außenminister muß den Wagen wechseln. Vom israelischen Cadillac in den palästinensischen Chevrolet.

Im Hauptquartier der PLO möchte Joschka Fischer Arafat zu einer Erklärung drängen, den Mann, der kürzlich laut eines deutschen Diplomatenprotokolls vom amerikanischen Außenminister als verrückt, zumindest als verloren bezeichnet wurde. Arafat soll das Verbrechen von Tel Aviv verurteilen und endlich für Waffenruhe sorgen. Womit kann ein deutscher, ein europäischer Außenminister in einer solchen Situation drohen? Womit locken? Es ist nicht der Ort und nicht die Zeit, Arafat Geld zu versprechen. Erstens hat der gerade 120 Millionen Mark von der EU zugesagt bekommen, zweitens ist er nicht so bestech-

Pendeldiplomatie. Am Checkpoint von Ramallah materialisiert sich das israelisch-palästinensische Mißtrauen.

lich. Fischer versucht es mit Andeutungen. Im Raum steht die Gefahr eines neuen, noch schlimmeren Blutvergießens. Aber kann das einen Mann beeindrucken, an dessen Händen schon so viel Blut klebt, palästinensisches und israelisches? Es droht noch etwas anderes – der Verlust der Autonomiegebiete, die Hälfte von Arafats Lebenswerk. Die andere Hälfte heißt Ost-Jerusalem. Und das wäre dann auch verloren, zumindest für Arafats Lebzeiten.

Es sind zähe Verhandlungen, die Delegationen arbeiten an einem Text, den der PLO-Führer anschließend verlesen soll. Doch wann wird das sein, man redet bereits seit zwei Stunden? Zwischendurch ruft noch einmal Schimon Peres an und will wissen, ob etwas vorangeht. Arafat weigert sich zu unterschreiben, daß er in Zukunft Maßnahmen gegen den Terror ergreifen wird. Er wird laut und zählt auf Arabisch auf, was er schon alles getan hat gegen den Terror. Das ist das Dilemma. Die Israelis denken, wenn er weiter nur das unternimmt, was er bisher unternommen hat, dann reicht das nicht aus. Arafat denkt, wenn ich sage, daß ich mehr tun will, dann gebe ich damit zu, daß ich nicht genug getan habe. Fischer akzeptiert die Formulierung: »Wir unternahmen und werden unternehmen.« Das wird nicht reichen.

Man sitzt vor dem nächsten Knoten, dem Waffenstillstand. Ariel Scharon hat ihn erklärt und schon zehn Tage lang eingehalten. Geht jetzt endlich auch Arafat diesen Schritt, damit Israel nicht in den Krieg zieht und erneut eine Gesprächsgrundlage geschaffen wird? Wieder gibt Arafat nicht ganz nach, aber immerhin stimmt er der Formulierung zu: »Feuerpause durch gemeinsame Anstrengung«. So wird es Arafat nach den zweistündigen Verhandlungen der Weltpresse verkünden. Ein paar Adjektive sollen die Wirkung verbessern: sofortig, bedingungslos, wirklich und effektiv. Damit gehen Fischer und Arafat auseinander. Der PLO-Präsident erschleicht sich zum Abschied ein bißchen Innigkeit von Fischer, indem er dessen Hand lang und fest in den seinen hält. Fischer, der so etwas haßt, lächelt trotzdem und entwindet sich. War das ein Sieg deutscher, europäischer Diplomatie? Es hat jedenfalls eine Erklärung gegeben, Arafat hat sie selbst vor laufenden Fernsehkameras vorgetragen – und er bietet einen Waffenstillstand an. Auf der Fahrt ins nahe gelegene Jerusalem sendet der israelische Rundfunk die Erklärung in voller Länge. Man nimmt das ernst.

Ein deutscher Außenminister als Sondervermittler im Nahost-Konflikt? Geht das überhaupt? Fischer lehnte das Wort Vermittler von Anfang an ebenso konsequent ab, wie er die damit verbundene Rolle ausfüllte. »Wir tun, was wir können«, sagte er halb stolz, halb lapidar. Oder: »Es geschieht eben.« Das stimmt freilich nicht ganz. Er wurde gefragt, zuerst von Schimon Peres, dann auch von palästinensischer Seite, und daraufhin bemühte er sich um die Unterstützung des Westens, der USA, der EU und der Russen: Dreimal telefonierte er mit Javier Solana, dem EU-Außenminister, dreimal mit Colin Powell, dann mit Schröder, Hubert Védrine, Kofi Annan, Robin Cook, Igor Iwanow. Und sie haben Fischer machen lassen. Nur per Zufall und Gelegenheit

Von Ex-Revolutionär
zu Ex-Revolutionär:
Schafft das Ver-
trauen? Langsam be-
ginnt Fischer Arafat
zu verstehen – und
zu durchschauen.

wurde Fischer also zu einer Art Weltpolitiker. Niemals hätten die Europäer von sich aus den Deutschen Fischer mit der Vermittlerrolle beauftragt.

Wie geht ein deutscher Vermittler im Nahen Osten vor? Zunächst einmal äußerte Fischer sich über den Anschlag aus persönlicher Perspektive. Er erzählte, auch im israelischen Fernsehen, davon, daß seine Kinder im gleichen Alter sind wie die Opfer von Tel Aviv. Dann

Verständnis trotz allem. Der Jude und der Deutsche, der General und der Ungediente, der Alte und der Junge. Ariel Scharon und Joschka Fischer könnten sich fremder kaum sein. Dennoch ist eine Art Vertrauensverhältnis entstanden.

zog er bei seinen Gesprächen immer dieselbe Furche, erinnerte die Israelis, vor allem aber die Palästinenser, an ihre eigenen Interessen. Zum schwierigsten Fall wurde dabei der Mann, den die Israelis im bedrängten Ramallah festhielten, Jassir Arafat, der Präsident unter Arrest. Seine ganze Macht beruht auf einer Unklarheit: Kann er nicht, oder will er nicht? Steht es in seiner Macht, den Terror zu stoppen, oder ist ihm die Kontrolle über seine Leute längst entglitten? Arafat

hat es geschafft, diese Frage zum großen Mysterium des Nahost-Konflikts werden zu lassen. Jede eindeutige Antwort wäre für ihn tödlich: Hat er die Befehlsgewalt, dann ist er immer noch der Terrorist, der seine Selbstmordattentäter ausschickt. Hat er sie verloren, dann ist er kein ernstzunehmender Verhandlungspartner mehr. Auch Fischer konnte diesem palästinensischen Rumpelstilzchen zu Pfingsten 2001

Choreographie des Gedenkens: Präzise ist vorgeschrieben, wie sich der Minister in Yad Vashem zu bewegen hat.

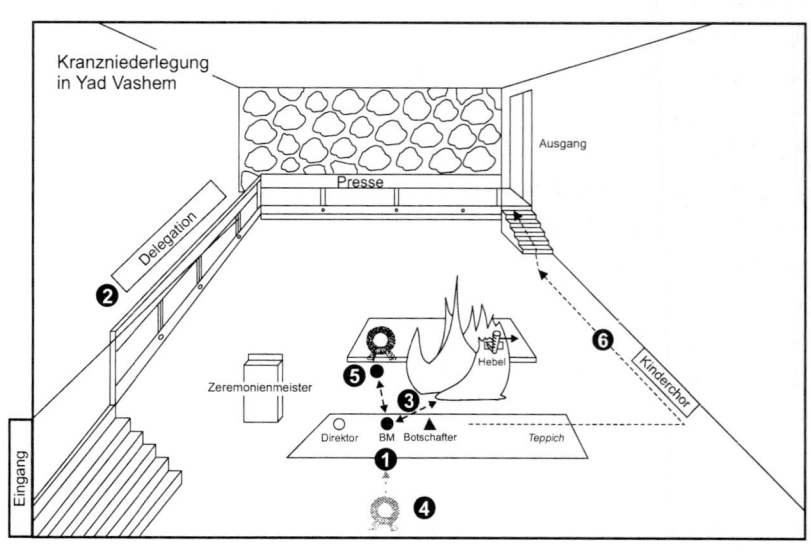

seinen Namen nicht entlocken. Er hat ihn nur sachte darauf hinge-
wiesen, daß ein israelischer Revolver auf seinen Kopf gerichtet ist und
daß niemand ihm helfen wird, wenn er sich nicht selbst hilft.

Nach seinem ersten Treffen mit Arafat fuhr Fischer mit halbleerem
Glas los. Am nächsten Tag, beim Gespräch mit Ariel Scharon, war es
dann schon halb voll. Unter vier Augen wurde auch hier Klartext
geredet. Natürlich hat der deutsche Außenminister die Weisheit des
israelischen Ministerpräsidenten gepriesen: Das war durchaus nicht
geheuchelt. Fischer ist recht angetan von der sachlichen, klaren Art
Scharons. Und wer hätte ausgerechnet von diesem Kalten Krieger
einen Satz erwartet, der wenigstens für Stunden die gefährliche Dialektik von Militanz und Ehre auf den Kopf gestellt hat: »Zurückhaltung ist Stärke.« Fischer behauptet, er habe ihm diesen Satz nicht in
den Mund gelegt, dabei ist es sein eigener Wahlspruch, sein Erfolgsge-
heimnis als Außenminister und als zufälliger Nahost-Vermittler.

Wie ungewöhnlich es ist, daß ein deutscher Außenminister beim israelischen Ministerpräsidenten hereinspaziert und deutliche Worte
mit ihm wechselt, kann man noch immer spüren: wenn Fischer die
Holocaust-Gedenkstätte Yad Vashem besucht. Im Juni 2001 ist es
das sechste Mal. Wieder legte er einen Kranz nieder, verbeugte sich –
zwanzig Minuten Gedenkroutine. Im Programmheft des Auswärtigen
Amtes ist jeder Schritt aufgezeichnet, ähnlich wie in Lehrbüchern für

Gedenkroutine. Kein
Israel-Besuch ohne
Kranzniederlegung
in der Halle des Erin-
nerns. Bei jedem
Aufenthalt muß sich
ein deutscher Politi-
ker der Vergangen-
heit stellen. Man
gewöhnt sich und
gewöhnt sich doch
nicht.

Standardtänze. Fischer braucht das nicht mehr. Aber bei aller Routine wird in diesen Momenten doch deutlich, daß es hier eigentlich keine Vermittlerrolle eines Deutschen geben kann.

Jetzt gibt es sie doch, und zwar gerade mit einem Mann, dessen politische Biographie immer um diese zwei Pole kreiste: Macht und intensive, fast überintensive Beschäftigung mit der deutschen Vergangenheit. Den Deutschen, und damit auch ihm, traut niemand mehr zu, daß sie irgend etwas tun könnten, was Israel schadet. Darum, wegen dieser historischen Unverbrüchlichkeit, die auf den Holocaust zurückzuführen ist, konnte Fischer vermitteln. Jedoch nur auf eine Weise. Zurückhaltung ist Stärke: An diese Devise hielt sich Joschka Fischer während seiner Reise mit erstaunlicher Disziplin. Selbst in den nächtlichen Pullover-Runden, auf der Terrasse des Jerusalemer King-David-Hotels, beim Blick auf die Altstadt, leugnete Fischer tapfer weiter: Nein, keine Vermittlerrolle. Er war an diesen Abenden der Entspannung und der Analyse gleichbleibend freundlich. Einmal nahm er die Kontaktlinsen heraus und erschien mit seiner Glasbausteinbrille. Und bei Gelegenheit kam wieder der Kindskopf zum Vorschein, der auch in ihm steckt. Als in einer der oberen Etagen des Hotels ein Ehestreit entbrannte und Gläser in Serie auf die Terrasse flogen, wurden Fischers Sicherheitsleute nervös. Der dagegen lachte und feixte – über die Gewalt im Nahen Osten.

Nur ein einziges Mal ging bei dieser Reise die Eitelkeit mit ihm durch, und zwar bei einer internationalen Pressekonferenz, auf der Fischer vom Erfolg seiner Mission schon in der Vergangenheitsform sprach, als hätte er bereits etwas in der Tasche. Ob er auch in Zukunft weiter im Nahen Osten vermitteln wolle, fragte eine Journalistin. »Nun, wenn wir gefragt werden.« Das heißt in der Politikersprache soviel wie: Ich will. Doch Fischer weiß zu genau, wo die Grenzen deutscher Außenpolitik liegen, und er bekam sie, trotz seines Erfolgs, auch hier zu spüren. Nachdem er seine Pendeldiplomatie ausgereizt hatte, war die Zeit des Redens vorüber. Denn letztlich wollten die Israelis keine Garantien oder Erklärungen des »pathologischen Lügners« Arafat, wie Scharon ihn im Gespräch mit Fischer bezeichnete. Sie wollten Maßnahmen gegen den Terror, Verhaftungen. Damit verlagerte sich der Fokus von der Diplomatie auf die Geheimdienste und die Sicherheitsberater, und auf diesem Gebiet haben die Deutschen so gut wie nichts vorzuweisen. Deutschland ist keine Großmacht.

Wenige hundert Kilometer vor Berlin wird Fischer später doch darüber nachdenken, was nötig wäre, um eine Vermittlerrolle wirklich und dauerhaft auszufüllen: Scharping bräuchte mehr Geld, Heidemarie Wieczorek-Zeul und das Auswärtige Amt ebenfalls. Mit anderen Worten: besser ausgerüstete Soldaten, massivere Entwicklungshilfe, effektivere Geheimdienste. Es ist dasselbe wie nach dem Kosovo-Krieg, wo er sich mehr europäische Satelliten und Transportflugzeuge gewünscht hätte. Zurückhaltung, die etwas bewirken will, braucht eben Stärke. Fischer ist zu erfahren, um all dies zu fordern, er analysiert einfach die Grenzen deutscher und europäischer Außenpolitik. Eine Grenze erkennen heißt bei Fischer immer: sie überschreiten wollen. Kurz nach Fischers Vermittlung eskalierte der Nahost-Konflikt erneut, schärfer denn je. Seit seiner Pfingstreise aber ist Fischer fest in die große, traurige Diplomatie des Nahen Ostens eingebunden. Und was hat diese dramatische Reise nun wirklich gebracht? Dem Nahen

Auch im diplomatischen Dienst sucht der Spötter nach den Momenten, bei denen es etwas zu schmunzeln gibt.

Osten zunächst mal wenig, ein paar Tage ohne Gewalt, sechs Wochen mit weniger Bürgerkrieg. Doch dann wurde alles noch schlimmer in der Region. Für Fischer war es eine Initiation, weil der Nahe Osten längst zum diplomatischen Bewährungsfeld zählt. Wichtiger war allerdings, daß seit dieser Reise die deutsche Rolle in der Region eine andere ist. Im europäischen Verbund ist Deutschland zu einem Akteur in der Nahost-Politik geworden. Und so war es erneut Fischer, der auf dem Höhepunkt der israelisch-palästinensischen Eskalation im April 2002 mit einer neuen diplomatischen Initiative aufwartete.

Nur Daniel Cohn-Bendit, der »deutsch-französische Studentenführer«, wie Fischer ihn spöttisch nennt, hatte ihm noch während der Reise zu seiner erfolgreichen Mission gratuliert. Von den Grünen meldete sich keiner bei ihm. Das ist symptomatisch. Die Partei hat sich von ihrem Außenminister entfremdet. Und seine Wähler? Die Grünen jedenfalls können von seiner immensen Popularität kaum profitieren. Fischer wundert das nicht: Die Partei mache sich seine Leistungen und seine Beliebtheit eben nicht zu eigen, aus einem Rest von typisch grünem Neid und einem immer noch nicht überwundenen Mangel an Professionalität.

Doch die Entfremdung geht tiefer. Der Satz, es gebe keine grüne Außenpolitik, hat nachhaltigen Schaden angerichtet, und das aus einem einfachen Grund: Er hat einen wahren Kern. Mit jedem Kilometer, den sich Politiker von Deutschland wegbewegen, nehmen heute die parteipolitischen Unterschiede ab. Die Zeiten, in denen die Grundlagen deutscher Außenpolitik zwischen den Parteien strittig waren und man erregt über Westintegration, Wiederbewaffnung, Ostpolitik, Wiedervereinigung und eine mögliche Teilnahme an Kriegseinsätzen debattierte, sind offenbar vorüber. Missionen wie die im Nahen Osten, bei denen es um Krieg oder Frieden geht, sind ohnehin Reisen in das Innere der Politik, dorthin, wo es keine Parteien mehr gibt, sondern nur noch gesunden Menschenverstand, Interessen und Tragödie. Trotzdem wäre es möglich, einige Dimensionen von Außenpolitik grün zu färben und grün zu interpretieren. Globalisierung, Entwicklung, Gerechtigkeit, Umwelt und Gentechnik etwa könnten für den »einzigen grünen Außenminister des Planeten« durchaus eine größere Rolle spielen. Doch Fischer fühlt sich lieber unverstanden, als sich

spezifisch grünen Themen zuzuwenden. Ihn interessiert heute – mehr als die postmoderne – die klassische Außenpolitik à la Henry Kissinger. Der ehemalige US-Außenminister gehört inzwischen zu Fischers außenpolitischen Orientierungsgrößen. Aus seinen Büchern übernahm dieser den geopolitischen und weltstrategischen Blick. Seitdem sich die beiden auch persönlich kennengelernt haben, empfängt Fischer den weltreisenden außenpolitischen Publizisten, wann immer der in Berlin ist. Nach der ersten Phase schierer Bewunderung fügte Fischer der konsequent macht- und interessenpolitisch orientierten

Mechaniker und Metaphysiker. Pragmatisch sind sie beide, doch der eine handelt von Punkt zu Punkt, während der andere die großen Linien sucht. Fischer und Schröder auf gemeinsamer Dienstreise.

Denkweise allerdings durchaus grüne Perspektiven hinzu: Dialog und Prävention, auf die er größeres Gewicht legt, unterscheiden den Schüler vom Lehrer. Dennoch: Mit Kissinger weitete sich Fischers Machtdenken ins Globale.

Zur Entfremdung zwischen dem Außenminister und seiner Partei trägt auch bei, daß die Grünen die Dialektik, in die Joschka Fischer eingespannt ist, nicht verstehen. Nicht zuletzt deshalb, weil er sie ihnen nicht erklären kann und darf. Das ausgesprochene, grünenkompatible Leitmotiv seiner Arbeit lautet: Zurückhaltung ist Stärke. Daß er für diese Politik effektives Militär, mehr geheimdienstliche

Informationen und größere Handlungsfreiheit gegenüber dem Parlament braucht, kann Fischer nicht allzu offen aussprechen, weil er sonst gegen das Gebot der Zurückhaltung verstoßen würde. Am liebsten wäre ihm, seine Partei verstünde ihn hier ohne Worte. Doch wie soll ein Grüner begreifen, daß der grüne Außenminister in Washington zu amerikanischen Luftangriffen auf den Irak erklärt, er habe dies nicht zu kritisieren? Weil Fischer Zurückhaltung übt, um an anderer Stelle nicht an Einfluß zu verlieren? Wie soll man ehemaligen Pazifisten vermitteln, weshalb ausgerechnet ihr Minister darauf besteht, es genüge, wenn der Bundestag Kriegseinsätzen nur mit einfacher, nicht aber mit Zweidrittelmehrheit zustimmt? Indem man ihnen sagt, daß er ein handlungsfähiger Außenminister sein will, der im Ernstfall nur dann wirksam gegen einen Krieg agieren kann, wenn er die Mehrheit für einen Krieg hinter sich hat? Wie sollen grüne Stammwähler verstehen, daß Joschka Fischer die jungen Demonstranten kritisiert, die in Genua gegen den G-8-Gipfel protestieren? Wo sie doch am liebsten mitdemonstrieren würden – sie, die noch wenige Monate zuvor die gewalttätige und linksextreme Vergangenheit Fischers verteidigt haben. In der Außenpolitik sind der Verlust von Prinzipien und der Abschied von Illusionen, an die sich die Partei ja längst gewöhnt hat, offenbar besonders schwer zu verkraften. Vieles sieht hier nach einer Umkehrung aller grünen Werte aus. Auch deshalb bewegen sich die Grünen so nah an der Fünf-Prozent-Marke.

Doch auf die Grünen kommt es in dieser Frage gar nicht an. Wichtiger ist, wohin die Dialektik von Zurückhaltung und Stärke den deutschen Außenminister und die deutsche Außenpolitik noch führt: Gerade weil Fischer ein Virtuose vergangenheitsbewußter Politik ist, wird die Vergangenheit immer weniger zu einem Handikap. Und gerade weil er die Rhetorik der Zurückhaltung so gut beherrscht und von ganzem Herzen bejaht, nimmt das deutsche Gewicht eher zu. Sobald allerdings eine gewisse Stärke erreicht ist, stellen sich zwei neue Probleme. Zum einen muß Deutschland in diese Stärke investieren, um sich nicht in einem »imperial overstretch« lächerlich zu machen. Zum anderen wird es immer schwieriger, den Machtzuwachs zu camouflieren. Und Camouflage ist hier vermutlich schon deshalb ein passender Begriff, weil er französisch ist. Denn im Verhältnis zu den Franzosen wird der durch Geschick, Zurückhaltung und klug-ehrliches Vergangenheitsmanagement erworbene Einfluß zum größten Problem.

Je geringer das Gewicht der deutschen Vergangenheit, desto deutlicher wird das der Gegenwart. Deutschland hat mehr Einwohner als Frankreich und ist ihm wirtschaftlich überlegen, außerdem liegt es in der Mitte eines sich vertiefenden und erweiternden Europa, während das politische Gewicht der Nuklearwaffen, die Frankreich besitzt und Deutschland niemals besitzen will und wird, immer weiter abnimmt. Es wird also in Zukunft auch einem Joschka Fischer schwerfallen, den Franzosen den Eindruck zu vermitteln, sie seien die Größten – was kulturell, nicht machtpolitisch, sogar stimmen mag. Selbst der Grundimpuls von Maastricht – mehr Europa, damit das wiedervereinigte Deutschland eingehegt wird – könnte sich umkehren, wenn Deutschland seine deutlichere Führungsrolle wahrnimmt. Daß eine solche Entwicklung günstig oder gar erstrebenswert ist, kann man durchaus bezweifeln – leichter lebt es sich mit etwas weniger Macht, westdeutsch gewissermaßen, oder schweizerisch. Aber daß die deutsche Außenpolitik auf mittlere Sicht in die Richtung geht, die Fischer vorgegeben hat, läßt sich kaum übersehen. Außer natürlich vom deutschen Außenminister, der es leugnen muß, weil es sonst schon wieder vorbei wäre mit dem neugewonnenen Einfluß. Was Fischer für Deutschland vorschwebt, ist die Rolle einer herausgehobenen und zugleich bescheidenen Mittelmacht in bester, in europäischer Absicht, aber eben schon: Macht.

Und Auschwitz? Viel Orientierungshilfe kann es Joschka Fischer nicht mehr bieten. Der schwarze Leuchtturm deutscher Nachkriegspolitik ist schon zu weit entfernt. Negativ-Emphase wie Mitte der neunziger Jahre kann Fischer daraus nicht mehr ziehen. Und auch für seine moralische Überwältigungsrhetorik wie beim Kosovo-Krieg wird er nicht mehr auf Auschwitz zurückgreifen können.

Fischer fliegt jetzt frei. Und in luftiger Höhe. Der Nahe Osten beschäftigt ihn nach wie vor, regelmäßig kehrt er dorthin zurück, häufig telefoniert er mit Arafat, Scharon und Peres, sogar an Heiligabend und Neujahr. Surreal mutet das an, wenn man an die Stationen seiner Karriere denkt. Er hält sein Niveau in der internationalen Politik, die allen Krisen zum Trotz ihren gewohnten Bahnen folgt, und der junge Routinier gehört inzwischen ganz selbstverständlich dazu. Bei seinen Gesprächen im Nahen Osten vermochte er immer beiden Seiten den Eindruck zu vermitteln, daß er sie versteht, daß er sich in ihre Lage versetzen kann. In gewisser Weise stimmt das auch, denn er ist ein

Meister des Als-ob, und er fühlt sich in jeder Situation, in der es um Macht geht, zu Hause – ob in Jerusalem oder in Ramallah, in Kairo oder in Washington.

Das wichtigste persönliche Erlebnis seiner Nahost-Politik fand jedoch weitab von den Verhandlungszimmern statt. Mitte Februar 2002 hielt Fischer eine Rede an der Universität von Tel Aviv. Eigentlich sollte sie Europa zum Thema haben. Doch dann nutzte er die Gelegenheit, um über Israel und Deutschland zu sprechen. Damit zog er das jüdische Publikum in seinen Bann, die Orthodoxen wie die Säkularen, die Linken wie die Rechten; aufmerksam, fast andächtig hörte man ihm zu. Fischer verstand selbst nicht recht, weshalb eine solche Wirkung von

Auf der Bühne der internationalen Politik fand sich Fischer schnell zurecht. Afrika jedoch ist für den deutschen Außenminister ein schwieriger Kontinent geblieben.

ihm ausging. Aber er genoß sie, beklommen und gerührt. Vielleicht war das der kleine, unscheinbare Höhepunkt seiner Karriere als Außenpolitiker, die ja auch schwarze Phasen kennt.

Anschlag auf die Weltpolitik

Im Frühsommer 2001 führten wir eines unserer längeren Gespräche mit Joschka Fischer. Die Sonne schien, wir saßen in seinem Büro und redeten über alles mögliche. Beiläufig kamen wir auf die moderne Architektur zu sprechen. Wie lange der Potsdamer Platz so aussehen würde wie heute, fragte sich Fischer, und ob er womöglich irgendwann einmal abgerissen werde. Zum Vergleich zog er New York heran und mutmaßte, das Chrysler Building werde wohl noch sehr lange existieren. »Aber daß das World Trade Center ewig stehen wird, kann ich mir nicht vorstellen.«

Der 11. September 2001 begann für den deutschen Außenminister mit Routinegesprächen. Um elf Uhr nahm er an der Eröffnung der ungarischen Botschaft teil. Anschließend aß er im Hotel Adlon mit dem jemenitischen Außenminister zu Mittag. Dann fuhr er ins Auswärtige Amt, ging hoch in den 4. Stock, und als er die Tür zum Vorzimmer öffnete, sah er, daß seine Mitarbeiter vor dem Fernseher saßen. Es sei gerade ein Flugzeug ins World Trade Center geflogen. »Ein Unfall?« fragte Fischer. Man teilte ihm mit, Papandreou wolle ihn sprechen. Fischer rief ihn von seinem Büro aus an und berichtete von der Tragödie. Als Fischer wieder ins Vorzimmer kam, erfuhr er von seinem Büroleiter Martin Kobler, daß inzwischen ein zweites Flugzeug die Türme getroffen hatte. Also doch kein Unfall – ein Angriff. In dem Moment wiederholte man im Fernsehen auch schon die Bilder des Einschlags. »Dann«, so berichtete Fischer später, »haben wir noch ganz kurz gekuckt, und ich habe gesagt, gebt mir den Kanzler. Ich habe mit ihm gesprochen, und er hat gesagt, komm rüber.« Fischer fühlte sich »ganz beschissen, weil ich sofort wußte, was auf uns zukommt. Gar nicht so sehr auf die Koalition. Mein Gefühl war: Das wird eine tiefgreifende Auseinandersetzung. Wir stehen jetzt vor einem neuen Terrorismus.«

Während der Beratungen im Kanzleramt brachen in New York die

Türme zusammen. Für Fischer stand fest, daß der Bündnisfall eintreten würde. Er ließ in den Diskussionen dieser Tage keinen Zweifel daran, wie Deutschland nun zu reagieren habe. Die Linie der deutschen Außenpolitik seit Adenauer könne man mit dem Lineal ziehen: Westbindung. Jetzt müsse die rot-grüne Regierung diesen Kurs eben weiterverfolgen: unbedingte Solidarität. Die Haltung zu den USA war also schon klar, bevor deren Haltung selbst klar war. Die drängende Frage der nächsten Zeit würde sein: Schmieden die USA eine Koalition aller gegen einen, oder starten sie einen Alleingang gegen alle, die sie für verdächtig und mitschuldig halten?

Am Tag nach der Katastrophe rief der Minister die außenpolitischen Berliner Journalisten zu einem Briefing zusammen. Immer schon liebte Fischer dramatische, dunkel drohende Auftritte. Doch das hier war etwas anderes. Was Fischer vortrug, und vor allem wie er es tat – mit

Ground Zero – der
Ort der Katastrophe,
die die Weltpolitik
verändert hat.

Andeutungen und leiser Stimme, mit Pausen und häufig gesenktem Kopf –, das fuhr sogar den abgeklärten Korrespondenten in die Glieder. Fischer wollte den Ernst der Lage klarmachen, und das ist ihm mehr als gelungen.

Auch die Grünen sollten bald erfahren, was die Stunde geschlagen hatte. Fischer versuchte zunächst, jeden Zweifel an der Politik der uneingeschränkten Solidarität oder an Sinn und Wirksamkeit von Vergeltung zum Hochverrat zu erklären. Doch so einfach ließen sich die Grünen nicht beschwichtigen. Die berechtigten Befürchtungen, daß die Amerikaner überreagieren könnten, mischten sich bereits wenige Tage nach dem 11. September mit noch nicht überwundenen antiamerikanischen Vorbehalten. Die militärischen Maßnahmen, die man erwartete, waren für viele Grüne noch schwerer mitzutragen als beim Kosovo-Krieg. Dieses Mal paßte das Opfer nicht in das grüne Opferschema: Die größte Macht der Welt war getroffen worden und bereitete sich darauf vor, in Afghanistan, einem der ärmsten Länder der Erde, zu intervenieren – dort aber saßen nun mal die mutmaßlichen Hintermänner des Anschlags. Ohne Diskussion und ohne Kritik, das merkte Fischer mit einiger Verzögerung, würde man den Grünen keine breite Zustimmung zur militärischen Solidarität abringen können. So setzte er in einem Interview mit der ›taz‹ seinen ganzen Charme ein und warb um Verständnis bei der grünen Basis. Es darf diskutiert werden, lautete nun seine Parole.

Bereits eine Woche nach den Anschlägen, am 18. September, flog Joschka Fischer für zwei Tage nach Washington und New York. Es war eine gespenstische Reise. In New York herrschte äußerlich Normalität, doch die wirkte bloß wie eine hauchdünne Schicht, die sich über die Katastrophe gelegt hatte. Die Fließrichtung der Stadt hatte sich kurzzeitig umgekehrt. Manhattan war nicht mehr der Ort, zu dem alles hinströmte. Auf einmal trugen sich Hunderttausende New Yorker mit Fluchtgedanken. Das erfuhr auch Fischer in seinen Gesprächen mit Firmenchefs und Managern. Zum Ground Zero, zum Nullpunkt der Katastrophe, wollte der deutsche Außenminister nicht, die Geste sei ihm zu pathetisch. Statt dessen besuchte er eine Feuerwehrstation, die besonders viele Kollegen verloren hatte. Ein kleiner Kranz mit deutscher Schärpe wurde zu den Blumenbergen gelegt – eine Geste hilfloser Trauer.

In Washington traf Fischer auf einen US-Präsidenten, der beinahe seine Frau bei den Anschlägen verloren hätte. Denn das Flugzeug, das in der Nähe von Pittsburgh abgestürzt war, hatten die Terroristen ins Weiße Haus lenken wollen – mutige Passagiere hatten das verhindert. Fischer ist ein phantasievoller Mensch, er konnte den schockierten Ton, in dem George W. Bush davon berichtete, gut nachempfinden. Überhaupt kam man sich in der US-Hauptstadt vor wie in einem Film. Ein Trakt des Pentagon, Hauptquartier der größten Militärmacht der Erde, war zerstört. Gleichzeitig spürte man förmlich, wie sich die militärischen Muskeln der USA langsam anspannten, um bald zuzuschlagen. Es waren, das wußte jeder, Vorkriegstage. Am Himmel über Washington, wo sonst fast jede Minute Flugzeuge zu sehen sind, bewegte sich nichts. Diese Leere bildete einen merkwürdigen Kontrast zu den pausenlos anberaumten Treffen und zur hektischen Telefondiplomatie. Jetzt, da sich die Weltpolitik auf einen einzigen Punkt hin zusammenzog und zugleich extrem beschleunigte, kam auch der Grenzüberschreiter Fischer an die Grenze seiner Möglichkeiten.

Paul Wolfowitz, der stellvertretende Verteidigungsminister, legte Fischer bei dessen Besuch im Pentagon eine Liste vor: Fast fünfzig Staaten waren darin als mögliche Ziele von Vergeltungsschlägen aufgeführt. Eine gigantische militärische Allmachtsphantasie, die schnell Realität werden konnte, wenn sich das Pentagon durchsetzen würde. Wenig später verkehrte Fischer diese militärische in eine diplomatische Rettungsvision. In der deutschen Botschaft an der Reservoir Road bat er, als der Terminplan ihm eine halbstündige Pause ließ, vier Journalisten in einen separaten Raum, um zu reden, nein, um laut zu denken. Inmitten des japanisch kühl gehaltenen Mobiliars ereiferte er sich und entwickelte aus dem Stegreif eine völlig neue außenpolitische Philosophie der Welt nach dem 11. September. Keine schwarzen Löcher der Weltpolitik dürfe es in Zukunft mehr geben, keine Zonen der Instabilität könne der Westen mehr hinnehmen. Und er, der noch vor Tagen überall Gefahr sah, ließ nun aus sämtlichen Krisenherden der Welt das Rettende wachsen. Der Iran, für den Fischer von der amerikanischen Administration einen Vermittlerauftrag bekommen hatte, die Paschtunen, die Hisbollah und Arafat, ja sogar Afrika, der verlorene und auch von Fischer fast vergessene Kontinent, sie alle sollten künftig ernst genommen werden. Fischer entwickelte Visionen, wie man sie von einem bekennenden Realo wie ihm nicht mehr

erwartet hatte. Daß er sich tief hinunterfallen ließ, um sich dann wieder tatendurstig aufzuraffen – das hatte man schon oft bei ihm erlebt, aber doch noch nie auf einem solchen Niveau, mit solcher Intensität. Alle denkbaren Einwände gegen seine Weltpläne wischte er als durch die Anschläge überholtes Denken vom Tisch.

Auf dem Rückflug nach Berlin holte ihn dann die Erschöpfung ein; die letzten, kurzen Interviews gab er im Liegen: »Das ist die schwerste Situation in meinem politischen Leben.« Aber warum? Weil es so belastend war, mit den Amerikanern zusammen neue weltpolitische Weichen zu stellen? Oder weil er merkte, daß die Amerikaner sich in ihre Politik von niemandem hineinreden lassen wollten und alles nur

Bericht eines Ehemanns. George W. Bush erzählt dem deutschen Außenminister, daß seine Frau umgekommen wäre, wenn das vierte Flugzeug, wie geplant, das Weiße Haus getroffen hätte. Am 19. September 2001 in Washington.

davon abhing, ob sich die Scharfmacher um Verteidigungsminister Donald Rumsfeld und seinen Vize Wolfowitz durchsetzen würden oder die besonneneren Kräfte um Außenminister Colin S. Powell? Ganz gleich, wer die Oberhand gewinnen würde, Fischer würde in Deutschland fordern, solidarisch zu sein und mitzumachen. Denn wer nicht mitmacht, kann auch keinen Einfluß nehmen. Aber kann man die Richtung der amerikanischen Politik auch nur um ein Jota verändern, selbst wenn man sich vorbehaltlos an ihre Seite stellt? Ob und, wenn ja, wieviel Einfluß jemand wie Fischer oder Schröder in dieser Situation nehmen konnte, das bleibt ihr Geheimnis, das Staatsgeheimnis dieser Wochen und Monate.

Zwei Wochen später, am 7. Oktober 2001, begann der Gegenschlag der Amerikaner. Die gemäßigten Kräfte hatten sich durchgesetzt, man hatte eine breite Anti-Terror-Koalition geschmiedet. ins Visier genommen wurde zunächst nur ein Land: Afghanistan. Und auch das sollte nicht besiegt, sondern von den Taliban und den Truppen Osama bin Ladens befreit werden. Das war der Anfang eines echten Krieges; auf der anderen Seite lautete das Motto: so wenig Krieg wie möglich.

Dennoch war die Skepsis in der deutschen Gesellschaft groß, natürlich auch bei den Grünen. Nach zwei Wochen Krieg forderte die Parteivorsitzende Claudia Roth eine Feuerpause. Joschka Fischer trat dem sofort entgegen, aber kaum jemand von den Grünen unterstützte ihn offen, auch nicht der realpolitische Parteivorsitzende Fritz Kuhn. An den unterschiedlichen Reaktionen von Kuhn und Fischer auf die dramatische Situation und auf den Wunsch nach einer Feuerpause kann man ablesen, was Realpolitik in letzter Instanz bedeutet – und warum Fischer der mächtigste Mann der Grünen ist. Kuhn hat später den Grund dafür genannt, daß er Claudia Roths Kritik an der amerikanischen Kriegführung nicht öffentlich widersprochen hat, obwohl er wußte, daß die Stimmung an der verunsicherten Basis zu kippen drohte: Damals sei er eben vom Krieg nicht überzeugt gewesen. Eine sympathische, eine echt grüne Antwort, über die Joschka Fischer nur den Kopf schütteln kann. Kuhn hatte eben erst die dritthöchste Stufe der Realpolitik erklommen: Er schwieg öffentlich, weil er innerlich zweifelte. Auf der zweithöchsten Stufe würde er versuchen, seine Partei zu überzeugen, ohne selbst überzeugt zu sein. Fischer dagegen hat die höchste Stufe der Realpolitik erreicht: Er ist von dem, was aus machtpolitischer Sicht unabweisbar ist, auch innerlich vollkommen

überzeugt. Ihn können Kollateralschäden oder verbissen kämpfende Taliban nicht verunsichern, weil seine Beurteilung der Situation nicht aus der Situation entspringt, sondern an der Prämisse der Westbindung festhält, die die deutsche Außenpolitik seit Adenauer bestimmt hat.

Mitte November, der Krieg war etwa fünf Wochen alt, spitzte sich die Lage innenpolitisch zu, weil der Bundestag über einen deutschen Beitrag zum Anti-Terror-Krieg würde entscheiden müssen. Bundeskanzler Schröder spürte, daß bei den Grünen und auch in seiner eigenen Partei viele die Absicht hatten, dagegen zu stimmen. Splitterbomben der Amerikaner, angebliche und tatsächliche Kollateralschäden, der drohende Wintereinbruch, die scheinbare Unbesiegbarkeit der Tali-

Mit Madeleine Albright fiel es Fischer leicht, mit Colin S. Powell fällt es ihm nicht schwer. Washington im Februar 2001.

Auch wenn man die letzte Tür der Macht geöffnet hat, ist der Raum, den man betritt, leer. Es kommt alles darauf an, ihn selbst auszufüllen. Im Juni 2000.

ban – all das machte eine Zustimmung schwierig. Den Begriff der »uneingeschränkten Solidarität« hatten viele von Anfang an als Zumutung empfunden – nun erst recht. In dieser Situation ließ der Kanzler durchsickern, er brauche keine eigene, keine rot-grüne Mehrheit im Bundestag, weil die Opposition ihm ohnehin zustimmen werde – ein folgenschwerer Fehler. Sofort stieg die Zahl der sogenannten Abweichler in der SPD sprunghaft an, und bei den Grünen gaben sich acht Abgeordnete als definitive Nein-Sager zu erkennen. Als Gerhard Schröder merkte, daß er seinen Rückhalt verlor und die Stimmung in den Medien kippte, zog er die Notbremse. Er verband die Sachentscheidung mit der Vertrauensfrage. Die Existenz der rot-grünen Regierung stand auf dem Spiel. Wie zu erwarten, konnte er die SPD damit auf seinen Kurs einschwören, während die Grünen wieder einmal auf eine existentielle Krise zusteuerten.

Joschka Fischer hätte sich und seiner Partei, so sagt er, dieses Purgatorium gern erspart. Doch so, wie die Dinge nun einmal lagen, mußte er da hindurch. Fischer nahm sich die Zweifler vor. Er kannte ihre Argumente gut, denn immerhin hatte er vor noch nicht allzu langer Zeit dieselbe Meinung vertreten. Innerhalb von sechs Jahren hatte Fischer viermal seine Position zur Kriegsfrage verändert: Erst keine militärischen Interventionen, dann keine mit deutscher Beteiligung, dann deutsche Beteiligung nur bei Völkermord, und jetzt verteidigte er den Krieg in Afghanistan. Bisweilen malte er auch den Untergang der Grünen an die Wand, der im Falle eines Scheiterns von Rot-Grün hochwahrscheinlich gewesen wäre. In diesen Tagen bewährte sich Fischer wieder in seiner alten Rolle als Mafioso, der lockt und droht, der politisiert und moralisiert. »Ich bin enttäuscht«, sagt er einer Delinquentin zur Eröffnung eines Vier-Augen-Gesprächs – die trockenen Tränen des Patriarchen.

Zur gleichen Zeit, als die Grünen von ihrem unheimlichen Vorsitzenden ins Gebet genommen wurden, brach in Afghanistan der Widerstand der Taliban zusammen, und das Ende des Krieges war abzusehen. Das mag mit dazu beigetragen haben, daß der Bundeskanzler am 16. November in der Vertrauensfrage bestätigt wurde, auch von der grünen Fraktion. Aus den acht Gegenstimmen waren auf den doppelten Außendruck hin vier geworden – die neue Mathematik grüner Anpassung: Dissens ohne Folgen. Fischer war in den Tagen vor der entscheidenden Sitzung in heiter-sarkastischer Stimmung. Fragte man ihn, was er im Falle einer Niederlage machen würde, antwortete er fröhlich: Dann schreibe ich meine Memoiren. Dazu war es dann aber doch zu früh, und das wußte er auch. Denn immer, wenn die Grünen vor der Frage »Sein oder Nichtsein« standen, entschieden sie sich für das Sein. Und falls die rot-grüne Regierung wider Erwarten geplatzt wäre, hätte der Bundeskanzler eine Koalition mit der FDP und mit Fischer angestrebt: Guido Westerwelle hat Schröder unter vier Augen versichert, er werde einen parteilosen Außenminister Fischer akzeptieren.

Immer wieder wurde in den vergangenen Jahren darüber spekuliert, ob Fischer sich nicht von den Grünen trennen wolle. Doch so dicht daran, die Grünen zu verlassen, war er noch nie. Wenn er in Rostock die Zustimmung seiner Partei zum Kriegskurs nicht bekommen hätte, dann wäre Fischer, so sagt er, definitiv und ohne Verzug aus der Partei

Folgende Seiten: »Laßt mich nicht allein!« Joschka Fischers Bitte auf dem Rostocker Parteitag ist auch eine Drohung. Wenn die Grünen ihm nicht mehr folgen, wird er sie verlassen.

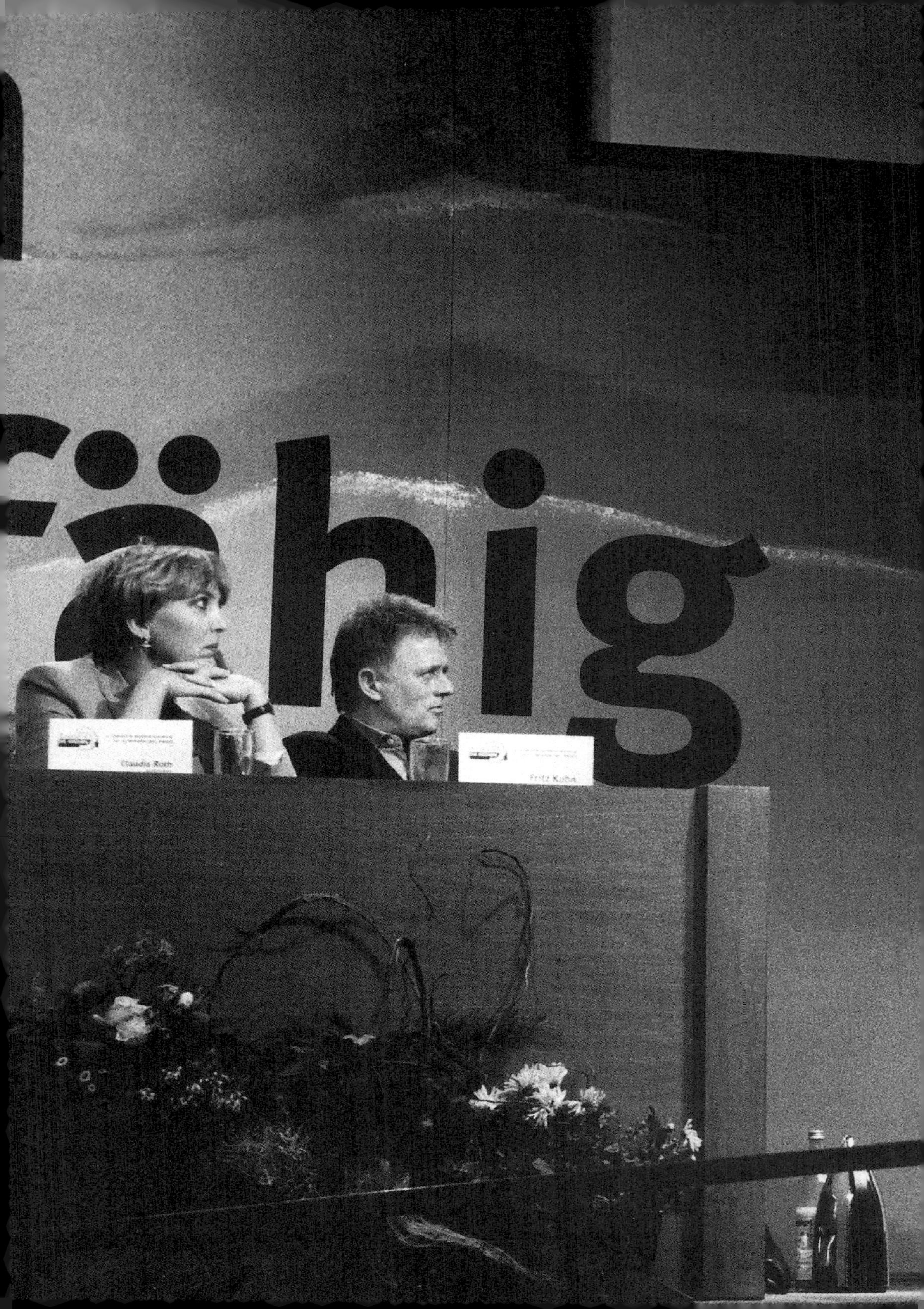
ähig
Claudia Roth
Fritz Kuhn

Wer ist oben, wer unten? Joschka Fischer und Gerhard Schröder sind sehr darauf bedacht, daß ihr Verhältnis nicht gestört wird. Doch der eine hat gern die Macht, der andere hat gern recht.

ausgetreten. Die Abschiedsrede hatte er schon im Kopf. Daß sich allerdings ein parteiloser Außenminister Fischer von Westerwelles Gnaden lange hätte halten können oder wollen, darf bezweifelt werden. Manchmal erweckt das Charisma des antigrünen Grünen den Eindruck, als existiere es nur kraft seiner eigenen Person. Und doch zehrt Fischer vom Spannungsverhältnis zu seiner Partei. Er hat sich angepaßt an das politische System – freilich im Gestus des innerparteilichen Kulturrevolutionärs – und wurde immer mehr zum Realo, konnte aber im grünen Umfeld stets aufs neue den Rebellen hervorkehren. Verließe Fischer die Grünen, dann würde er diese Grundspannung verlieren. Parteilos zu sein hieße, machtlos zu sein, und das könnte einer wie er nicht aushalten. Und wenn er in die SPD einträte? Auch in dem Fall würde er Macht verlieren, weil Gerhard Schröder dafür sorgen müßte, daß der beliebteste Politiker der Republik nicht auf den Gedanken kommt, ihn zu beerben. Zudem hätte Fischer in der SPD wenig Gefolgschaft. Kurz: Nicht nur brauchen die Grünen Fischer, er braucht auch sie. Ohne seine Partei müßte er, wenn nicht

die Politik, so doch das Land verlassen und auf die internationale Bühne wechseln.

Die Grünen hatten schon einmal ja gesagt zu einem Krieg. Aber diesmal, in Rostock, sagten sie auch ja zu diesem Ja. Sie hörten auf, sich zu schämen. Das bedeutete einen großen Schritt für die Grünen – möglicherweise zu groß für die Wählerinnen und Wähler. Denn der 11. September und der Anti-Terror-Krieg haben die Bedingungen deutscher Außenpolitik verändert und die Zumutungen an den grünen Regierungspartner noch einmal erhöht. Das, was Fischer an Pfingsten auf dem Rückflug von Tel Aviv nur heimlich gedacht hatte – daß Deutschland mehr Geld für Militär, für Geheimdienste und für Entwicklungshilfe ausgeben müßte –, konnte man jetzt offen sagen. Für den Moment war es sogar die herrschende Meinung.

Geschwächt waren hingegen die EU und die Nato. Beide Institutionen erwiesen sich angesichts des forcierten diplomatischen Tempos als zu schwerfällig. In der ersten Phase der Anti-Terror-Koalition wurde klar, auf wen es neben den USA allenfalls politisch noch ankommt

Trotz großer Vertrautheit herrscht zwischen dem Minister und seinem Pressesprecher Andreas Michaelis professionelle Distanz. Ein Verhältnis, das sich Fischer inzwischen auch zu vielen Grünen wünschen würde.

– auf die großen Drei in Europa: Frankreich, Großbritannien und Deutschland. Die EU hatte sich nach dem Kosovo-Krieg vorgenommen, militärisch enger zusammenzuarbeiten, um gegenüber den USA selbständiger zu werden. Nun zeigte sich, daß sie dabei noch nicht weit gekommen war. In diesem historischen Moment wurde die EU von den USA nicht mehr dominiert, sondern nur noch ignoriert. Dennoch blieb zunächst unklar, ob die Amerikaner sich an die drei Großen in Europa halten oder sich gleich auf einen neuen Unilateralismus zurückziehen wollten. Der schnelle Sieg in Afghanistan und die offenkundigen Schwierigkeiten der Europäer, auch nur eine Schutztruppe für Kabul zu organisieren, führten dann dazu, daß die USA den Eindruck hatten, auf niemanden angewiesen zu sein. Zu Beginn des Jahres 2002 legten die Amerikaner eine zunehmende Arroganz an den Tag, während die Europäer einen zerknirschten Eindruck machten: Großbritannien hatte stets versucht, ganz besonders gehorsam zu sein und militärisch im Gleichschritt zu marschieren, Deutschland versicherte immerzu seine Solidarität, ohne militärisch viel bieten zu können, und Frankreich war, wie so oft, ein bißchen kritisch. Zu guter Letzt stellte sich dann heraus, daß es den USA ziemlich gleichgültig war, wer sich am loyalsten zeigte: Tony Blair wurde nicht früher konsultiert und nicht enger einbezogen als die anderen. In der zweiten Phase des Kriegs hatten sich in den USA die Unilateralisten durchgesetzt, die alles wollten und alles allein. Ihnen schwebte eine militärisch gestützte Neuordnung des gesamten Nahen und Mittleren Ostens vor – ein atemberaubender Machbarkeitswahn, der auch den deutschen Außenminister verunsicherte.

Heute befindet sich die deutsche Außenpolitik in einer Orientierungskrise, und damit auch ihr Stratege Fischer. Seine zentralen Parameter – weg von Auschwitz, hin zum Westen – haben an Bedeutung verloren. Gleich zweimal ist das 20. Jahrhundert zu Ende gegangen, einmal am 9. November 1989 und zwölf Jahre später, am 11. September 2001. Durch die erste Wende hat sich die Bedeutung der Vergangenheit für die gegenwärtige Politik relativiert. Die deutsche Wunde ist verheilt – soweit als möglich –, und ausgerechnet Joschka Fischer wurde zum Agenten dieser Befreiung; in seiner Amtszeit hat sich das Ansehen Deutschlands gewandelt. Die zweite Wende läßt möglicherweise die Bedeutung der Westbindung an die USA in einem anderen Licht erscheinen. Denn selbst die größte Anlehnung an die Amerikaner hätte

Wer nie allein ist, wird einsam. Immer ist Fischer Blicken ausgesetzt, von Fans, Parteifreunden, Außenministern, Journalisten. Auch die dunkle Brille hilft da wenig.

nur Sinn, wenn diese überhaupt Wert darauf legen würden. Treue zu den USA, um im Gegenzug Einfluß auf ihre Entscheidungen nehmen zu können – diese europäische Hoffnungsgleichung scheint heute zweifelhafter denn je.

Noch Mitte September 2001 wurde Joschka Fischer von den Amerikanern gebeten, in den Iran zu reisen, um dort für die Anti-Terror-Koalition zu werben: klassische Entspannungspolitik; dafür gelten die Deutschen als Experten. Doch schon Anfang Januar erklärte George W. Bush den Iran neben Nordkorea und dem Irak zur »Achse des Bösen«, betrieb also das Gegenteil von Entspannungspolitik und sorgte damit nicht zuletzt dafür, daß die Hardliner in Teheran kräftigen Aufwind erhielten. Und Fischer, der Vermittler, wurde er überhaupt gefragt? Nach George W. Bushs Rede zur Lage der Nation und dem äußerst arroganten Auftreten der Amerikaner bei der Sicherheitstagung in München wurde es auch dem deutschen Außenminister zuviel; er nahm sein Lineal und haute ein wenig auf den Tisch: Deutschland sei kein Satellit der USA, der Irak dürfe nur angegriffen werden, wenn Beweise vorlägen, und bloße Gefolgschaft dürfe man sowieso nicht erwarten – eigentlich Selbstverständlichkeiten, die aber von ihm lange nicht mehr zu hören waren. In den USA schlug Fischers Interview aus der ›Welt‹ vom 12. Februar einige Wellen. Auch weil Fischer in den Vereinigten Staaten mittlerweile als ein Mann mit »hoher pro-amerikanischer Reputation« gilt, wie die ›New York Times‹ schrieb. Einige Tage später rief Colin Powell ihn an und bat darum, den Interviewkrieg zu beenden.

All das hat Fischers Koordinatensystem verändert, genauer, es hat eine weitere Achse daraus entfernt: Die Orientierung an der Westbindung gibt offenbar nur noch wenig Richtungsgewißheit, sie sagt, was falsch, aber nicht mehr, was richtig ist. Es bleibt immer noch vernünftig, die Politik von Konrad Adenauer, Willy Brandt und Helmut Kohl fortsetzen zu wollen, aber es reicht nicht mehr aus. Die Situation wird unübersichtlich.

Der neue internationale Terrorismus und der wieder verstärkte Unilateralismus der USA haben für Europa weitreichende Konsequenzen. Es klingt paradox: Die EU muß um- und das heißt zunächst aufrüsten und die nationalen Anstrengungen effektiver koordinieren, um in Zukunft wirkungsvoll Friedens- und Entspannungspolitik betreiben zu können. Oder sollte die EU lieber die Arbeitsteilung akzeptieren, den USA die militärische Superdominanz überlassen und sich auf die Rolle des Befehlsempfängers und Nachsorgers beschränken? Zukünftig ist Kreativität gefordert, nicht zuletzt von einem deutschen Außenminister. Nichts spricht dagegen, daß Joschka Fischer diese Erwartung erfüllen kann. Er hat in schwierigen Zeiten Kontinuität gewahrt, er hat in zwei Kriegen mit deutscher Beteiligung die Nerven behalten. Er hat anti-europäische Anwandlungen des Kanzlers ausgeglichen. Und er hat den Handlungsspielraum für die deutsche Außenpolitik vergrößert. Man wird abwarten müssen, was er aus dieser neuen Freiheit macht, falls er noch einmal Außenminister wird.

Der Himmel über Berlin. Die gläserne Reichstagskuppel ermöglicht einen Blick ins Freie, sogar von der Regierungsbank aus. Gibt es ein Leben außerhalb der Politik?

5

Recht einsam:
Zur Zukunft eines Ewig-Morgigen

Es ist kurz nach Neujahr 2002. Joschka Fischer hat eine Grippe, in einen dicken Schal gewickelt, liegt er auf dem Sofa. Ein gemütliches Sofa, unprätentiös, so wie die ganze Wohnung. Klein ist sie für einen Außenminister, 4ZKB, in Berlin-Mitte, unweit der Synagoge. Die Einrichtung ist geschmackvoll, auch teuer, ohne dabei aufdringlich zu wirken in ihrem Schön-sein-Wollen. Es sind einige Antiquitäten darunter, die den Eindruck machen, als seien sie über Jahre gesammelt worden. So wäre es jedenfalls bei einem normalen Haushalt des gehobenen Berlin. Da gäbe es zu jedem Schrank die persönlich gefärbte Geschichte: vor zwanzig Jahren vielleicht in der Provence entdeckt, dann von einem Schreiner im Prenzlauer Berg restauriert. Auch Fischers Möbel sehen, wie gesagt, so aus, und doch hat er sie erst in den letzten Jahren zusammengekauft, sie haben noch nicht viel Geschichte ansetzen können. Sein Leben war immer recht unbehaust. Ein Tramp noch mit fünfzig. Und immer noch kein Spießer.

Es fällt ihm schwer, über seine Vita zu reden, an diesem Tag. Also spricht er übers Aufhören als Außenminister und überhaupt als Politiker. Warum tue ich mir das alles an? Man kennt diese Litanei – nicht erst, seit er regiert – und glaubt nur noch zur Hälfte, was er da sagt über das Terminkorsett, den Dauerstreß, den Preis, den er zu zahlen hat für seine große Rolle im politischen Theater. Plötzlich reißt ihn eine Frage hoch, eine völlig falsche, geradezu beleidigende Frage: ob er wirklich aufhören könnte, wo er doch viel erreicht, sich etwas aufgebaut hat, woran er jetzt hängt, wie jeder andere. Nichts habe er sich aufgebaut, empört sich Fischer. Alles sei hier oben drin, tippt er sich an die Stirn. Als ob er nicht schon oft genug gezeigt habe, daß er von heute auf morgen die Richtung des Lebens ändern könne: »Was ist das Leben? Es ist nicht nur Fixierung im Hier und Jetzt, sondern Werden und Vergehen. Es ist ein Drama«, so lautet seine Philosophie. »Für

Die Askese hat Joschka Fischer verändert. Er ist mürrischer geworden und gesammelter.

mich war mein Leben immer ein offenes Abenteuer, und das wird es auch bis zum Schluß bleiben«, hat er schon vor zwanzig Jahren proklamiert. Das Leben als Abenteuer zu sehen gehört zu Fischers Grundmaximen. Also warum nicht jetzt einmal das Abenteuer: Schluß mit der Politik? – Ganz einfach: Weil die Politik seit dreißig Jahren die einzige Bühne ist, auf der sich die Abenteuer des Joschka Fischer abspielen. Es gibt keine andere. Er ist ein Konquistador des Politischen. Es noch eine Weile bleiben zu können, so lange wie möglich und auf möglichst hohem Niveau, darum wird er kämpfen, in welcher Rolle auch immer.

228

Kein Wunder. Wenn man das Leben so begreift und empfindet, dann bietet die Politik ein ideales Betätigungsfeld. Sie ist das große Staatstheater, das Spiel mit dem Ernst, bei dem nach Kräften geschauspielert wird und man immer den Eindruck erwecken muß, als schauspielere man gerade nicht. Das Mörderische an ihr ist, daß Politiker nichts herstellen, was nicht am nächsten Tag zunichte gemacht sein kann, jeden Tag wird ihre Stellung im Machtgetriebe neu vermessen. Von Journalisten und Konkurrenten, die mit gnadenloser Präzision jede Unsicherheit erkennen und noch die kleinsten Machtschwankungen registrieren. Das ist die Hölle, wenn man schwache Nerven hat, und wunderbar, erregend, wenn man das Spiel beherrscht. Fischer liebt all das, er liebt es so wie nichts anderes auf der Welt. Auch darum hat er fast keine Angst, wenn es hart auf hart kommt, wenn alles auf dem Spiel steht. Sein oder Nichtsein, fünf Prozent oder vier, Minister oder keiner – wenn das Schicksal am seidenen Faden hängt, dann läuft er zu großer Form auf, dann ist er ganz bei sich. Er fürchtet sich nicht davor, etwas zu verlieren, er verliert sich an die existentielle Situation. Nur wenn er sich langweilt, ist Fischer ein schlechter Politiker, das unterfordert ihn, dann macht er Fehler aus Nachlässigkeit.

Wer Politik so existentiell sieht, so archaisch, der kann – vorausgesetzt, er besitzt die nötigen intellektuellen und mentalen Fertigkeiten – auf allen Ebenen bestehen: im Spontiplenum, im grünen Landesverband, im Landeskabinett, im Bundestag, im Bundeskabinett, in Brüssel und im Weißen Haus, zu Besuch beim amerikanischen Präsidenten. Fischer hat längst die schwindelnden Höhen der Politik erreicht, und doch spielt sich auch hier alles nur zwischen Menschen ab. Das ist eine von Fischers Einsichten, die es ihm schnell ermöglicht hat, sich fast mühelos im Geschäft der internationalen Diplomatie zurechtzufinden. »Als wir 1983 in den Bundestag kamen, machte ich zum ersten Mal die Tür auf zur Macht. Dann kam ich in die Landesregierung. So ging ich von Tür zu Tür und näherte mich immer mehr dem Innersten der Macht. Und jedesmal kam ich in einen leeren Raum, ein paar Spinnweben, irgendwie schlecht aufgeräumt, leer. Da war gar nichts drin. Die Gebäude wurden immer majestätischer, immer beeindruckender, die Türen immer wuchtiger, die Bediensteten davor huschten immer bedeutsamer rum. Aber dann machte ich die nächste Tür auf, und der Raum war wieder leer. Schließlich betrat ich den letzten Raum. Natürlich hat der amerikanische Präsident mehr Macht, aber

Kardinal unter Kardinälen. Fischer im Gespräch mit Johannes Joachim Degenhardt (links) und Karl Lehmann.

von der Qualität her, glaube ich, werde ich keine neue Tür mehr finden. Man öffnet die letzte Tür: Spinnweben, nicht aufgeräumt, leer. Das ist das Geheimnis der Macht. Alles hängt davon ab, was du mitbringst und was du daraus machst.« Am Ende einer langen Reise zur Macht, nach dem Durchschreiten all der Macht-Räume, stößt Fischer wieder nur auf sich, auf seine eigenen Fähigkeiten, sich in diesen Räumen zu behaupten. Machterfahrung als Selbsterfahrung.

Der Außenminister interessiert sich nur für zwei Dinge wirklich, für die Geschichte und für sich selbst. Die kleine, alltägliche Ausgabe der großen Geschichte heißt Politik, und deren Währung wiederum heißt

Macht. Macht aber existiert nicht als stabiler Zustand, sondern nur in flüssiger Form, als Gewinn oder Verlust, als Mehr oder Weniger. Wenn einer seine Existenz ganz auf Politik gegründet hat und wenn er dabei so erfolgreich ist wie Joschka Fischer, liegt die Vermutung nahe, daß es sich um einen berechnenden Machtmenschen handelt. Und wirklich spricht vieles dafür, daß Fischer seine Überzeugungen jeweils so dreht, wie es zum Machterwerb und -erhalt paßt. Tatsächlich hat er seine Überzeugungen stets zur rechten Zeit abgelegt – wenn auch mit hohem moralischem Aufwand. Langsam genug, damit die Grünen noch mitkonnten, schnell genug, damit die Reden von gestern den nächsten Schritt auf der Karriereleiter nicht mehr behinderten. Seine beiden von ihm selbst eingestandenen Fehler – sowohl eine Intervention in Bosnien als auch die deutsche Einheit zu lange abgelehnt zu haben – hatten denselben Grund. Beide Male wäre ihm die Partei nicht gefolgt, und er hätte das Risiko in Kauf nehmen müssen, sich in kräftezehrenden Kämpfen zu verausgaben und zu isolieren. Also zögerte er und wechselte seine Haltung erst in dem Moment, als es realpolitisch unabdingbar und machtpolitisch nicht mehr wirklich gefährlich war. Anders als sein Freund Daniel Cohn-Bendit, der sich für neue Überzeugungen begeistern kann, ohne nach den machtpolitischen Konsequenzen auch nur zu fragen, wird Fischer erst dann zum emphatischen Überzeugungstäter, wenn er das machtpolitische Terrain sondiert hat.

Fischers Leben hält zahlreiche Beispiele für eine gewisse Gleichgültigkeit gegenüber dem Gehalt von Politik bereit: Er war Hausbesetzer ohne Interesse an Häusern, Grünenpolitiker ohne Interesse an den Grünen, Umweltminister ohne Interesse an der Umwelt. Und dennoch ist die Emphase, mit der er seine jeweilige Politik begründet und verfolgt, alles andere als die bloße Verstellung eines gewieften Opportunisten. Sein Anti-Interventionismus vor 1995 war ihm so ernst wie danach sein Eintreten für militärische Konfliktbewältigung im ehemaligen Jugoslawien, seine unbedingte Amerika-Treue unmittelbar nach dem 11. September erschien ihm so zwingend wie seine kritische Distanz ein paar Wochen später. Das alles bedeutet weder, daß die Politik, für die er sich einsetzt, und die Begründungen, mit denen er sie unterfüttert, beliebig wären, noch daß er sie selbst kalt berechnend lediglich für seine Machtzwecke benutzt. Fischer tut nichts, wovon er nicht überzeugt ist – aber er ist von nichts wirklich überzeugt, was seine Macht gefährden könnte. Mit welcher Haltung er in der jeweiligen Situation bestehen, mit welcher Einstellung er seine politische Existenz weitertreiben kann, das ist der entscheidende Gesichtspunkt bei der Wahl seiner jeweiligen politischen Leidenschaften. Doch im Rahmen dessen, was die Macht erlaubt, sind es dann wirklich Leidenschaften, die er mit großer Überzeugungskraft vertritt. Deshalb ist es so schwierig, ihn zum einfachen Opportunisten zu erklären. Denn Fischer will bei allen Windungen und Wendungen stets mit sich identisch sein. Also überzeugt er zuerst einmal sich selbst mit autosuggestiver Kraft von einer Position, bevor er darangeht, sie seiner Umwelt aufzudrängen. Deshalb konnte er ehemals tragende Auffassungen nicht einfach aus taktischen Gründen fallenlassen, ohne sich zugleich auch innerlich von ihnen zu verabschieden. Man könnte das einen ehrlichen Opportunismus nennen.

Es gibt nur wenige Machtmenschen wie ihn, mit denen man so leidenschaftlich über Inhalte diskutieren kann. In den besseren Debatten unter vier Augen oder in Gruppen fällt dann auch jeder Dünkel von ihm ab, dann zählt nicht mehr die bessere Vita, sondern das bessere Argument, nicht mehr das höhere Amt, sondern die schärfere Analyse. Anders als Gerhard Schröder, der völlig metaphysikfreie, dafür ungefährliche, ehrgeizlose und pragmatische Politik betreibt, sucht Fischer immerzu nach einer übergeordneten Perspektive, nach einem großen Bogen. Daß er diesen zuweilen überspannt, steht außer Frage. Nicht selten muß das ganz Große herhalten, um das ganz Kleine zu begründen und durchzusetzen. Oft genug drohte in den vergangenen dreißig Jahren die Rückkehr des Faschismus, des aggressiven Nationalismus, des rücksichtslosen Kapitalismus oder was auch immer – nur um Fischers jeweiligem politischem Interesse ein wenig historischen Nachdruck zu verleihen. So beschwört er heute die Gefahr eines Stoiber-Haider-Berlusconi-Europa – nur um den Grünen am 22. September 2002 über die Fünf-Prozent-Hürde zu helfen. Diesen Hang zur düsteren Prognostik wird er wohl nicht mehr verlieren.

Jeder Mensch hat seine Arschlochseite, lautet eine von Fischers drastischeren Lebensweisheiten. Für einen mit einem so hohen Durchsatz an Leben, mit einem schier unerschöpflichen Repertoire an politischen Fähigkeiten gilt das wohl ganz besonders. Fischer kann manipulieren, charmieren und faszinieren wie kaum ein zweiter in der deutschen Politik. Gleichzeitig löst er, wenn man ihn länger und von nahem beobachtet, immer wieder Beklemmung aus. Weniger wegen seiner Rücksichtslosigkeit im Alltag, seiner Cholerik und seines Herrschaftsgebarens. Nein, es ist mehr der Eindruck, daß er sich und andere von fast allem überzeugen und für fast alles begeistern kann. Und für dessen Gegenteil.

So wie der Standardkritik an Politikern, es gehe ihnen allein um Macht, etwas Selbstgerechtes und Tautologisches anhaftet, so birgt auf der anderen Seite auch Fischers eigene Moral die Gefahr, unwiderlegbar zu sein. Ihm dient der Machtgewinn zugleich als Beweis für die Richtigkeit der Politik. Wer siegt, hat recht. »Das demokratische System ist ein fairer, aber bei aller Fairneß auch ein unglaublich harter Auswechselmechanismus.« Wenig Mitleid hat Fischer mit denen, die dabei auf der Strecke bleiben. Allerdings gibt es in der Politik nicht bloß einen anonymen Auslesemechanismus, es gibt auch Mächtige, die auswählen und verwerfen. Und Joschka Fischer ist einer von ihnen – bei den Grünen allemal. Wenn er vernehmlich analysierte, was jemand falsch gemacht hat, dann war damit das Urteil über sie oder ihn bereits gesprochen. So mächtig ist Fischer in seiner Partei, daß Beurteilung und Urteil sich kaum mehr trennen lassen. Eine Bewegung seiner Augenbraue kann grüne Karrieren beeinflussen.

Manche behaupten, das Lebenswerk eines Politikers sei erst dann komplett und erfüllt, wenn er einen Nachfolger aufgebaut habe. Dazu ist Joschka Fischer jedoch strukturell nicht in der Lage. Weniger weil es ihm in gewisser Weise schmeicheln würde, wenn es nach ihm keine Grünen mehr gäbe. Dieser verführerischen Perspektive kann er wohl widerstehen. Daß er keinen Nachfolger oder gar eine Nachfolgerin heranziehen kann, liegt vielmehr an seinem darwinistischen, selbstbezogenen Politikverständnis. Wirklich gut kann demzufolge nur werden, wer sich gegen Widerstände durchgekämpft hat, wirklich taugen kann nur einer, der Fischer stürzt, keiner, den er stützen muß. Noch diese Haltung ist geprägt von der Logik der Militanz, in der nicht nur seine Spontizeit nachwirkt, sondern auch Heldenorientierungen des zu Ende gegangenen Jahrhunderts.

Quer zu seinem darwinistischen Demokratieverständnis liegen auch Freundschaften. »Freundschaft ist in der Politik ein sehr schwieriges Geschäft, weil man schnell in eine Lage kommen kann, gegen die

Freundschaft verstoßen zu müssen. Nicht aus bösen Gründen, sondern aus guten Gründen. Wenn man sieht, der andere macht es wirklich falsch oder er kann es nicht. Darum habe ich sehr schnell begriffen: Du mußt dich von Freundschaften in der Politik lösen.« Er sieht das als menschenfreundliche Härte, weil sie vor noch größeren Härten bewahrt, wenn es schiefgeht. So sind ihm vor allem Freunde geblieben, bei denen schicksalhafte Entscheidungssituationen und Konkurrenzen kaum auftreten werden: Otto Schily zum Beispiel, ein Solitär und, zum Glück für die Freundschaft, mittlerweile in einer anderen Partei. Rezzo Schlauch, von derselben Hebamme auf die Welt geholt, ist mit Fischer gewissermaßen verwandt. Der Außenminister hat ihn mit massivem Einsatz an die Spitze der grünen Bundestagsfraktion befördert. Dennoch könnte es irgendwann zu genau dem Punkt kommen, den Fischer fürchtet – daß er Schlauch den Posten wegnimmt, sobald er jemand anders für qualifizierter hält.

Daniel Cohn-Bendit ragt heraus aus dieser kleinen Gruppe von politischen Freunden, von Freunden trotz Politik. »Auf Dany«, schwärmt Fischer, »kann ich mich unbedingt verlassen. Ich könnte da unzählige Situationen schildern. Auf ihn ist hundertprozentig Verlaß.« Die Freundschaft dauert schon zu lange, um noch leicht kaputtgehen zu können. Und die beiden leben in gewisser Weise in verschiedenen Welten, in Frankreich und in Deutschland, im Europäischen Parlament und in der Stratosphäre der Diplomatie. Da nimmt man sich nichts weg.

Andere Freundschaften sind zeitweise oder für immer an der Politik zerbrochen. Hubert Kleinert etwa wurde 1994 vom hessischen Landesverband nicht wieder für den Bundestag nominiert. Fischer hatte sich bei den Kämpfen neutral verhalten. Doch neutral, das hieß gegen Kleinert, weil jeder erwartet hatte, daß Fischer ihm aus Freundschaft helfen würde. Fischer behauptet, er hätte Kleinert nicht retten können, weil der zu viele Fehler gemacht habe, Kleinert hält dagegen, sein Ex-Freund Fischer habe nicht einmal versucht, ihn zu unterstützen. Nach der Niederlage brachte Fischer Kleinert in der hessischen Landesvertretung in Bonn unter, für Kleinert eine Art Edelknast. Und auch als es 1998 ans Regieren ging, fand sich für den ehemaligen Freund kein geeigneter Posten.

Ist Fischer undankbar? Er denkt heute, nach vielen Verletzungen und Enttäuschungen, so darüber: »Das muß man professionell sehen. Ich

habe früher den Fehler gemacht, daß ich mich Leuten gegenüber, die mir beim Aufstieg ins Amt geholfen haben, verpflichtet gefühlt habe. Und dann waren sie überfordert von ihrer Aufgabe. Das war schlimm für beide Seiten. Dankbarkeit muß es geben, natürlich. Ich halte überhaupt nichts davon, daß Dankbarkeit keine politische Kategorie ist, aber nur wenn es auch in der Sache paßt.«

Wie Hubert Kleinert, so mußte zwischenzeitlich auch Tom Koenigs die bittere Erfahrung machen, was es bedeutet, von Fischer nicht mehr gebraucht zu werden. Der alte Weggefährte aus Frankfurter Tagen, der Schatzmeister der Spontis, hat im ersten Ministeramt

Der Einsame und der Solitär. Otto Schily gehört zu Fischers wenigen Freunden aus der politischen Sphäre.

geholfen, das Chaos in Grenzen zu halten. Dann wurde er Stadtkämmerer und Umweltdezernent in Frankfurt, und nachdem die Grünen aus der Stadtregierung geflogen waren, übernahm Koenigs, der feingeistige Intellektuelle, die Strafarbeit und wurde Landesvorsitzender. Doch 1998, als in Bonn die Ernte eingefahren wurde, rief ihn Fischer nicht einmal an, um ihn zu den Koalitionsverhandlungen hinzuzuziehen, obwohl Koenigs in Haushaltsfragen zu den wenigen wirklich versierten Grünen zählt. Fischer hatte einfach die Befürchtung, daß er Ansprüche erheben würde, die nicht in sein Kalkül passen würden. Koenigs war auf einmal überflüssig. Erst als der Krieg gegen Slobodan Milošević gewonnen war, besorgte ihm Fischer einen UN-Posten im Kosovo.

Einer der wenigen alten Freunde, die 1998 von Fischer geholt wurden, war Georg Dick. Plötzlich wurde der ehemalige Straßenkämpfer und hessische Regierungssprecher zum Chef des Planungsstabes, ein Proletarier unter lauter Adeligen. Doch merkwürdig, ausgerechnet er, der als härtester Realpolitiker und überzeugter Fischer-Anhänger galt, war enttäuscht vom großen Mitregieren. Er hatte das Gefühl, es bleibe nun gar nichts übrig von dem, was sie sich mal gemeinsam erträumt hatten. Nur schieres Regieren, Dranbleiben. Dick erfüllte sich dann mit Fischers tatkräftiger Unterstützung einen bescheideneren, persönlicheren Traum und wurde Botschafter in dem Land, das auch einmal Projektionsfläche für die Visionen der deutschen Linken gewesen war: Chile.

Was bedeutet es, ein Freund von Joschka Fischer zu sein? Zunächst einmal, daß zumeist er definiert, wann Freundschaft herrscht und wann nicht, wann Intimität und wann Distanz. Man kann ihn nicht gut behelligen mit seinen Privatproblemen, die langweilen ihn schnell. Umgekehrt kann Fischer stundenlang von seinen Schmerzen erzählen, auch Menschen, die bis dahin nicht geahnt hatten, daß sie mit Fischer so per du sind – und dann wieder perdu.

Gemessen an gewöhnlichen Maßstäben ist Fischer kaum das, was man einen verläßlichen Freund nennen würde, sondern einer, der eher selten verfügbar ist. Nur wenn, dann ist er in aller Regel eine Bereicherung. Fischer bringt Leben ins Leben. Seinem Witz und seinem Charme kann man sich schwerlich entziehen, seine alltäglichen Beobachtungen sind treffend, und überraschenderweise bekommt

236

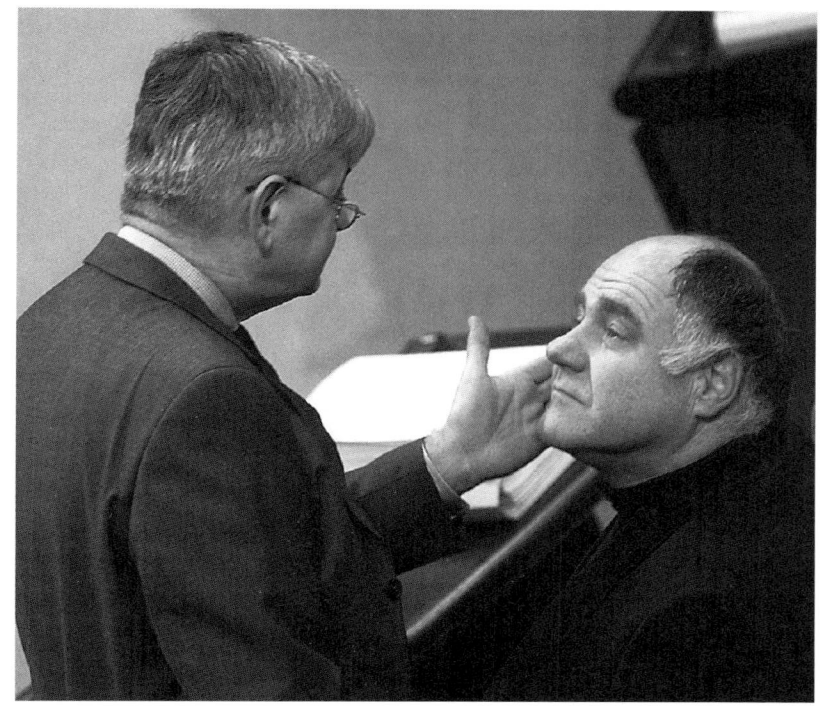

Gesten der Freund-
schaft, Zeichen der
Macht. Oft verbinden
sich bei dem Freund
Fischer nette Berüh-
rungen mit einer
Demonstration von
Überlegenheit.

man bis heute leicht das – täuschende – Gefühl, mit dem Minister
jederzeit um die Häuser ziehen zu können. Diejenigen, die ihn gut kennen, halten einen gewissen Abstand. Einer, den Fischer gesprächswei-
se als echten Freund bezeichnet hat, war von dieser Nachricht geradezu überrascht: So, hat er das gesagt?
Nicht immer leicht zu ertragen und unter seinen Freunden berüchtigt
sind die überaus klugen Vorträge des Joschka Fischer. Der Kanzler
lächelt manchmal über dessen Neigung zu politisch-historischen
Stegreif-Symposien. Auf der anderen Seite schätzt er seinen Vizekanzler ungemein. Am liebsten würde Schröder nicht mit den Grünen,
sondern nur mit Joschka Fischer allein koalieren. Fischer weiß dem
Augenblicksmenschen Schröder einen tieferen Sinn zu unterschie-
ben. Dabei muß der nur selten miterleben, wie Fischer seine Erklärungen auf alle anderen Bereiche des menschlichen Lebens ausdehnt: die
Oper, den Wein, den Fußball, die Liebe, was immer. Er hat ein sehr
gutes Gedächtnis, er liest viel und behält viel. Diesen Vorzug nutzt er
oft dazu, sich als den Klügsten, Erfahrensten, Gebildetsten und damit

auch Dominanten zu präsentieren. Neue Erkenntnisse anderer sind ihm dagegen schwerer erträglich. Erst wenn er sie ein paar Tage später denselben Personen als seine eigenen präsentiert, sind sie wirklich bei ihm angekommen. Daß für Fischer die meisten Lebensmomente Wettbewerbssituationen sind, macht ihn so lebendig, auch so nervig. In jedem Fall gehört das zu seinen wirkungsvollsten Machttechniken: Wer in diesen Dauerwettbewerb mit ihm einsteigt, verliert zumeist – wer es nicht tut, hat in Fischers Augen schon verloren.

Zu Mißverständnissen führt Fischers eigenwilliger Umgang mit Nähe und Intimität bei Journalisten. Natürlich verachtet er, wie die meisten Politiker, von Zeit zu Zeit den ganzen Berufsstand. Dann hält er die schreibende und, wie er es ausdrückt, plappernde Zunft für oberflächlich, kenntnisarm, ein gesinnungsloses Pack. Fischer behauptet, die Journalisten seien für ihn nicht mehr als ein notwendiges Übel, ein Instrument des politischen Arbeitens. Doch beschreibt er damit eher einen Wunsch als eine Realität. Tatsächlich ist sein Verhältnis zu den Medien hochaufgeladen. Nicht nur weil der Außenminister der Meinung ist, daß er auch den Job eigentlich besser könnte, das ist ja klar. Nein, er nimmt die Journaille insgeheim doch ernst, ihre Vertreter sind im besten Fall die Historiker en miniature, Gesprächspartner, zu denen man offener sein kann als zu manchem Parteifreund und die vom Schweißdampfenden an der Politik weit mehr verstehen als die hochgebildeten Beamten des Auswärtigen Amtes. Eine gar nicht so kleine Zahl von Journalisten fungiert für Fischer aber auch als Reservetruppe für leere Stunden, die plötzlich über ihn hereinbrechen. Sie sind die Von-Zeit-zu-Zeit-Freunde eines Mannes, der öfter mal einsam ist. Bei alledem bleibt eine Kluft zwischen einem Spitzenpolitiker und jenen, die über ihn schreiben: Die Politik muß entscheiden und dafür einstehen, während die rezensierende Klasse für ihre Fehleinschätzungen, wenn überhaupt, nur sehr milde bestraft wird.

Joschka Fischer klagt oft über die Einsamkeit, und es fällt leicht, sich vorzustellen, warum. Der Alltag des deutschen Außenministers läßt wenig Raum für Normalität, für Freundschaften, für entspannte Nähe. Fast nie kann er sich unbeobachtet fühlen, die meiste Zeit reißt er sich zusammen, umgeben von Bodyguards, Beamten, Journalisten, Fotografen, beim Essen, beim Joggen, beim Einkaufen. Wenn er im Café sitzt und sich mit jemandem unterhält, kommen ohne jede Hemmung Leute vorbei, unterbrechen ihn und fragen nach einem Autogramm,

Fischer im Zentrum des öffentlichen Interesses. Das genießt er. Doch sein Verhältnis zu den Medien ist hochaufgeladen.

239

loben oder kritisieren sein Tun oder berichten ihm, wie schwer sie es haben. Aus alldem entspringt die normale Einsamkeit des Mächtigen. Und doch darf man Joschka Fischer abnehmen, daß er mehr darunter leidet als andere, als der Kanzler beispielsweise, der sich ohne erkennbaren Widerwillen damit abzufinden scheint, als gutgeölte und gutgelaunte Machtmaschine zu funktionieren. In Schröders Haltung liegt eine sympathische Bescheidenheit, die Fischer fehlt. Der Identitätspolitiker ist selten zufrieden. Er lebt im Zustand ständigen Aufbegehrens gegen die Entfremdung von dem, der er einmal war. Er sehnt sich zurück nach dem unkomplizierten Leben der Spontizeiten. Nicht umsonst flüchtet sich Fischer sofort in seine salopp verbeulten Freizeitklamotten, wenn einmal ein paar Tage hintereinander keine Termine anstehen, was gewöhnlich nur Weihnachten oder Ostern der Fall ist. Er sei immer noch der alte, sagt er dann halb überzeugt und halb schon zweifelnd. Immerhin sind es mittlerweile dreißig Jahre, die Fischer Politik macht, zwanzig davon professionell. Das formt, das überformt auch eine starke und eigenwillige Persönlichkeit.

Wie frei Fischer von der Politik, wie frei er darum auch in der Politik sein kann, hängt neben den raren Freundschaften von seinem Verhältnis zu Frauen ab. Die Beziehungen sind ein Widerlager zum Politischen und zur Sphäre der Macht. Vielmehr könnten sie es sein. Doch von Gerhard Schröder unterscheidet Fischer auch hier etwas. Der Kanzler hat eine Partnerin, die es offenkundig genießt, die öffentliche Frau an seiner Seite zu sein. Nicola Leske hingegen fügt sich nicht in die Rolle der professionellen Second Lady. Kennengelernt hat Fischer seine vierte Ehefrau, als sie 1994 eine halbe Stelle im Pressebüro der grünen Fraktion annahm. Ihre Beziehung begann dann 1997 nach Fischers Trennung von seiner Frau Claudia. Für Nicola Leske ist der Spaß meist vorbei, wenn die Scheinwerfer angehen. Sie verteidigt tapfer ihr Leben gegen seines, sie will Platz haben neben ihm, versucht ihren eigenen Weg zu gehen und sich eine eigene Karriere als Journalistin aufzubauen. Ein Leben in Abhängigkeit von einem Mann ist für sie ein Schreckensszenario. Aus ihrer Sicht stellt sich die Frage: Soll sie immer dasein für einen Mann, der nie da ist? Sich aufgeben für jemanden, der sich an die Politik aufgibt? Nicola Leske hat sich dagegen entschieden. Und arbeitet bei der Nachrichtenagentur Reuters im strapaziösen Drei-Schichten-Dienst.

Wenn Spitzenpolitiker die Schwelle zu ihrem Privatleben überschreiten, brauchen sie in der Regel lange, um von ihrem Adrenalin- und Verantwortungstrip herunterzukommen. Sie müssen ihr Tempo verlangsamen, was selbst wieder zur Anstrengung wird. Wann immer sich das Paar öffentlich zeigt, steht er im Mittelpunkt. Fischer wirft einen enormen Schatten, wenn es ihm gutgeht. Und er wird zum Schatten, wenn die ganze Hermelinhermetik einmal von ihm abfällt. Eine Zumutung für die Partnerin. Und fast ein Ganztagsjob.

Zu den allgegenwärtigen Aufgaben und Pflichten eines Außenministers kommen bei Fischer seine Rückzüge, das Joggen, überhaupt sein In-sich-gekehrt-Sein. Da bleibt dann schon rein zeitlich wenig übrig.

Nicola Leske ist keine Second Lady. Sie möchte ihr Leben nicht einem ganz schenken, der seines ganz der Politik schenkt.

요쉬카 피서 지음
선주성 옮김

Was um Himmels willen
finden die Südkoreaner
an seinem Buch ›Mein
langer Lauf zu mir
selbst‹, hier in der
koreanischen Ausgabe?

Äußerlich und innerlich beschäftigt sich der Minister ohnehin beständig mit Politik. Er ist wie ein Tamagochi. Unablässig wühlt das Politische in ihm, es braucht Nahrung, Ansprache, Aussprache. Wenn es stimmt, daß für Joschka Fischer Politik ohne Leben keinen Spaß macht, dann gilt der umgekehrte Satz erst recht: Kein Leben ohne Politik.

Seit er neunzehn ist, lebt Joschka Fischer in festen Beziehungen. Schon vor seiner Zeit als Außenminister drohte die Leidenschaft für die Politik sein Beziehungsleben zu verdrängen. Den tiefsten Einschnitt markierte für Joschka Fischer die Trennung von seiner Frau Claudia. 1983 im Bundestag hatte er die Achtzehnjährige kennengelernt: Er saß im Plenum, sie auf der Pressetribüne. Sie wohnten in Frankfurt zusammen, manchmal ging er einkaufen und kochte, war so sehr Partner, wie er es bei seinem politdominierten Alltag eben sein konnte und wollte. Im Laufe der Jahre kümmerte sich Claudia zunehmend um die beiden Kinder aus Fischers zweiter Ehe. Eine Patchwork-Familie entstand, mit abwesendem Patriarchen an der Spitze.

Zu dieser Zeit wurde Fischer immer dicker. Angefangen hatte das mit dem Streß des ersten Ministerjobs in Hessen. Später dann im Bundestag rationalisierte er seine enorme Freßsucht als Kunst des Wohllebens und seine Leibesfülle als Vorschein auf höchste Ämter. Mehr und mehr ähnelte sein Äußeres dem von Franz Josef Strauß. Später schrieb Fischer von den Ängsten, die er in dieser Zeit ausgestanden hat, vor allem vor einem drohenden Herzinfarkt. Er, der 1983 den Bundestag als Alkoholikerversammlung charakterisiert hatte, war nun selbst zur Karikatur eines Politikers geworden – maßlos, gehetzt und süchtig in einem umfassenden Sinne.

Fischers Ehe begann zu kriseln und scheiterte 1996. Er wußte, daß er das Leben in einer Kleinfamilie nicht ertragen würde, und als zweifacher Vater, der sich um seine Kinder eher sporadisch kümmern konnte, wollte er nicht noch ein drittes. Wer ihn heute mit seinen Kindern erlebt, berichtet zwar von einem völlig anderen Joschka Fischer, frei von Konkurrenzdenken, zuhörend und zärtlich. Aber im Alltag? Er wollte nicht noch einmal ein physisch oder geistig abwesender Vater sein. Und was alle politischen Niederlagen nicht vermocht hatten, schaffte nun Claudia: Sie verließ ihn, und Joschka Fischer geriet völlig aus der Fassung. Bis an die Grenze der Peinlichkeit machte er nun sein Leiden zu einer öffentlichen Angelegenheit, und die Zweifel wuchsen, ob er die Krise politisch und menschlich überstehen würde. Doch dann nutzte er auch sie – zu seiner bislang radikalsten persönlichen Wende. Er fastete, joggte und trank keinen Tropfen Alkohol mehr. Er verwandelte sich wie in den Jahren zuvor, aber nun mit umgekehrtem Vorzeichen.

Fischer rannte um sein Leben und zeigte mit einer beeindruckenden Energieleistung wieder einmal, was in ihm steckt. Und alle waren verblüfft. Dieser Erfolg verdeckte allerdings das dauerhaft Resignative, das vom Scheitern der Ehe mit Claudia herrührt: Im Leben von Joschka Fischer war kein Platz für Kinder, für eine Frau, die Kinder will, und vielleicht war auch für gar keine Frau Platz. Die Politik füllte ihn im Laufe der Jahre immer mehr aus.

Es gibt etwas an diesem Mann, das schwer zu verstehen ist: Woher kommt diese enorme Energie, und warum läßt sie nicht nach? Oder

Laufende Geschäfte.
Wo immer er ist,
verbindet Fischer
das Joggen mit der
Diplomatie. Männer
des BKA checken
vorab die Strecke.

Erschöpft und optimistisch. Fast im Alleingang brachte Fischer seine Partei 1998 an die Macht. Weiterregieren ist seither für die Grünen eine Frage der Selbsterhaltung.

läßt sie doch nach? Fischer hat sämtliche Zimmer der Macht durchschritten und gesehen, daß sie leer sind. Auch sein Katholizismus ist leer, weil er ohne Gott auskommen muß. Zur Liebe schweigt er mittlerweile, um, wie er sagt, die Frauen zu schützen, um die es jeweils geht, aber wohl auch, um sich selbst zu schützen. Vielleicht denkt er so: Macht, Liebe, Gott – all das gibt es gar nicht, es sind nur Erfindungen, Produkte der Einbildungskraft, die der einfache Mensch braucht, um nicht verrückt oder gewalttätig zu werden. Der Bischof glaubt nicht an Gott, der Minister nicht an die Macht und der Liebende nicht an die Liebe. Und alle machen weiter. Fischer scheint an einem Punkt angekommen zu sein, an dem er nicht mehr leicht enttäuscht werden kann.

246

Auch das hat er seiner Partei voraus. Die Grünen haben in den vier Jahren an der Macht ein Desillusionierungsprogramm mit ungeahnter Intensität absolviert. Von der Macht kommen die Grünen, so scheint es, nicht mehr los. Und trotzdem ist es fraglich, ob sie sich im Herbst 1998 auf die Koalition eingelassen hätten, wenn ihnen klar gewesen wäre, was die Machtteilhabe ihnen abverlangen würde. Auch Joschka Fischer wußte es damals noch nicht. Aber ihn hätte es wohl, anders als seine Partei, nicht wirklich geschreckt. Das Amt des Außenministers geriet ihm einfach zum extremsten Abenteuer seines bisherigen Lebens. Man wird ihm nicht unterstellen, die Entscheidungen, die er in den letzten Jahren treffen mußte – vor allem zum Kosovo-Krieg –, seien ihm leichtgefallen. Nein, eher hat er sie als das empfunden, was sie wirklich waren: unzumutbare Herausforderungen. Doch so in den Blick genommen, hatte er sie auch fast schon wieder bewältigt. Denn Joschka Fischer sucht unzumutbare Herausforderungen, um zu beweisen, daß es keine unzumutbaren Herausforderungen gibt. Regieren, das ist für ihn eine Extremsportart, ein politpsychologisches Dauerexperiment an den Grenzen der Leistungsfähigkeit. Sich zu bewähren, sich durchzusetzen ist ein Lebensmotiv geworden, vielleicht eine Sucht. Sie findet – wo sonst? – im Machtraum der Politik statt. Ihn zu erobern, damit hat er über dreißig Jahre seines Lebens zugebracht. Sich diesen Raum zu erhalten hat für ihn überragende Bedeutung.

Und seine Partei? Sie hat sich ihm ganz angepaßt. In den achtziger Jahren hat sie sich erbittert gegen ihn gewehrt, in den Neunzigern hat sie seine realpolitischen Grundannahmen akzeptiert und sich langsam, widerstrebend seinen programmatischen Forderungen angenähert – den Forderungen der Wirklichkeit, wie er es nennen würde. Nach der Machtbeteiligung hat die Partei vor ihrem herausragenden Politiker schlicht kapituliert. Denn plötzlich ging es nicht mehr um die gemächlichen Fortschritte aus den Zeiten des »Kuhhandels«, mit dem die Partei seit längerem zu leben gelernt hatte. Die Jahre des Burgfriedens hatten die Grünen zweifellos verändert, aber sie glaubten, daß es auch nach einer Regierungsbeteiligung bei solch moderaten Veränderungen bleiben würde. Für die meisten Bereiche stimmte das auch. Die Ausgestaltung der Ökosteuer, das Staatsbürgerschaftsrecht, sogar der Atomausstieg – das alles war nicht immer schön und eindrucksvoll, blieb weit hinter den ohnehin schon gedämpften grünen Erwartungen zurück, aber es bewegte sich im Rahmen koalitionärer Kompromißpolitik.

Der Krieg allerdings sprengte diesen Rahmen. Zwischen den Vor-Regierungs-Grünen und den Grünen nach dem Beginn des Kosovo-Kriegs gab es keine Vermittlung, keinen Kompromiß, nur den rabiaten Bruch, den Joschka Fischer – nun wieder ganz in der Rolle des Überwältigungspolitikers – durchzusetzen entschlossen war: Da half kein Kuhhandel. Politik war wieder »Vergewaltigung« – unterlegt mit einem moralischen Appell, der jeden, der nicht zustimmen wollte, ins Unrecht setzte. Nie zuvor und nie seither hat man Joschka Fischer so insistent, so leidenschaftlich, so fordernd von den Menschenrechten sprechen hören wie damals, als sie zur Begründung für den Kosovo-Krieg dienten. Das macht die Begründung nicht falsch. Und trotzdem irritierte der machtpolitische Aspekt dieser menschenrechtlichen Offensive: daß mit ihr eben nicht nur Kosovaren, sondern auch der deutsche Außenminister und seine Partei gerettet werden sollten. Die Partei sagte ja zum Krieg. Gegen ihre Überzeugung. Davon hat sie sich bis heute nicht erholt.

»Laßt mich nicht allein!« – mit dieser Bitte auf dem Rostocker Parteitag hat Joschka Fischer die Grünen bei der Entscheidung zum Anti-Terror-Krieg überwältigt. Entkleidet man diese Bitte ihrem Schein rückhaltloser Offenheit, erkennt man, wie ernüchtert Fischer und seine Partei heute koexistieren. Er braucht sie, wie er sie seit eh und je gebraucht hat: als organisatorische Grundlage, als Vehikel seiner politischen Existenz – wie früher als Abgeordneter, als hessischer Landesminister und jetzt eben als deutscher Außenminister. Zwar hätte die Partei noch immer die Möglichkeit, Fischer in einer entscheidenden Konfliktfrage »alleine zu lassen« und damit den populärsten Politiker der Republik zu stürzen. Aber damit würde sie ihren eigenen Untergang besiegeln. Die Partei muß Fischer stützen, um weiterzuregieren, um zu überleben. Darauf basiert nun seine Herrschaft, das ist der Kern seiner Rostocker »Bitte«. Zwei Jahrzehnte lang hat Joschka Fischer den Grünen die Machtbeteiligung wie ein politisches Heilsversprechen verkauft. Seit sie wirklich regieren, ist daraus sein stärkstes Herrschaftsinstrument geworden. Mit ihm steuert er nun die Partei, wohin er sie haben muß. Nur negativ, im gemeinsamen Untergang, wären Fischer und die Grünen gleichwertige Partner. Unterhalb dieser Eskalationsschwelle ist Fischer ihr unumschränkter Herrscher.

Joschka Fischer

Jürgen Trittin

Es gibt jetzt nichts mehr bei den Grünen, was über Joschka Fischer hinausweist. Wo es in Ansätzen noch aufscheint, hat es unter den Bedingungen des Regierens keine Relevanz. Nicht nur der fundamentalistische Überschuß der Grünen ist längst aufgebraucht. Auch die anderen Anläufe und Politikstile jenseits des Fundi-Realo-Konfliktes, mit denen Fischer nie etwas anfangen konnte, gingen unter seiner Herrschaft verloren. Von Anfang an schien sein Projekt Regierungsbeteiligung ohne den charismatischen oder idealistischen Überschuß auskommen zu wollen, den die Partei in ihrer zwanzigjährigen Geschichte immer wieder hervorgebracht hat. In den frühen achtziger Jahren stand dafür Petra Kelly, in den späten Achtzigern Antje Vollmer mit ihrer Aufbruch-Gruppe, Anfang der Neunziger stießen

Die Partei hat sich ihm ganz angepaßt. Es gibt jetzt nichts mehr bei den Grünen, was über Joschka Fischer hinausweist.

249

die Bürgerrechtler aus der DDR zu den Grünen. Doch der Kultur nüchtern-realistischer Machtmechanik hielt nichts davon stand. Die Partei nahm den Weg der schlichten Normalisierung und Anpassung. Ohne Joschka Fischer wären die Grünen – es ist keine allzu gewagte Behauptung – nicht so weit gekommen. Aber mit ihm haben sie zugleich viel verloren: Kreativität, Eigensinn, Renitenz und politische Leidenschaft. Es scheint, als habe der Machtpragmatiker nun alles Charisma auf sich konzentriert, das seiner Partei über die Jahre hinweg abhanden gekommen ist.

Die Grünen waren einmal der politische Ausdruck neuer gesellschaftlicher Impulse, ein provozierender Angriff auf die etablierte Sphäre der bundesdeutschen Politik. Und bis heute erwartet das Publikum von ihnen mehr als nur die Botschaft, daß das Wirkliche das Wahre ist und das gerade eben Erreichte das allenfalls Erreichbare. Wenn die Partei keinen Weg findet, noch einmal darüber hinauszugelangen, wird sie scheitern. Und mit ihr Joschka Fischer. Die dialektische Ironie dieser Pointe müßte ihm eigentlich gefallen. Sie müßte ihn schrecken.

Die Grünen sind für Joschka Fischer keine Antagonisten mehr. Sie sind so geworden, wie er sie haben wollte, und zu dem, was er nie wollte, zu seiner Partei. Früher konnte er Niederlagen der Grünen damit begründen, daß sie sich nicht an seinen Rat gehalten hatten. Das ist nun anders. Alle künftigen Niederlagen, gar das Scheitern der Partei gehen vor allem auf sein Konto – und ganz zu seinen Lasten. Ausgerechnet vom Fortbestand der ungeliebten Grünen hängt das Gelingen seines Lebenswerkes ab, ihr Wohl und Wehe entscheidet darüber, ob Fischer noch Zeit bekommt, als Außenminister eine tiefere Spur in der Geschichte des Landes zu hinterlassen.

Fischers Kampf mit den Grünen, um die Grünen, in den Grünen ist vorbei, die Dialektik zu Ende, die Synthese aus Fischer und der Partei erreicht. Auch sein widersprüchliches Verhältnis zu Deutschland hat sich mittlerweile geändert, da Sonderwege und nationalistische Wendungen unwahrscheinlich geworden sind. Hier hat Rot-Grün eine kulturelle und historische Entwicklung – hoffentlich – zum Abschluß gebracht. Der Verweis auf Auschwitz taugt nur noch dazu, daran zu erinnern, was Deutschland nicht darf, ohne den verantwortlichen Politikern Genaueres darüber zu sagen, wohin das Land gehen soll. Das gleiche gilt für die Westbindung. Sie ist zur unverrückbaren

Selbstverständlichkeit geworden, die jedoch keine präziseren Handlungsanleitungen mehr bereithält.

Mit den domestizierten Grünen und den zivilisierten Deutschen sind die beiden Grundspannungen des Fischerschen Lebens erfolgreich beseitigt – und verloren. Ausgelebt, ausgehaucht, ausgeheilt – was für eine furchtbare Perspektive für dieses Kraftkind des kranken Jahrhunderts! Fischer kann jetzt nicht mehr Politik machen anhand vorgegebener Linien oder mit den großen Wellen der Geschichte, auf denen er bloß weiterzusurfen braucht, unterstützt von der Gravitation und den Verführungen des Systems. Das dürfte eine der größten Herausforderungen für ihn werden, denn Fischer ist bei allem Katholizismus und Humanismus ein historischer Materialist. Er glaubt an die Kräfte der Geschichte, die man nur zu erkennen und zu nutzen braucht, um halbwegs erfolgreich Politik machen zu können. Jetzt muß – anders, als es sich die Spontis je vorgestellt haben – Phantasie an die Macht. Auch wenn Fischer Außenminister bleibt, wird er sich Neues einfallen lassen müssen. Immerhin: Wenn man sein bisheriges Leben Revue passieren läßt, dann dürfte es zumindest verfrüht sein, ihm das nicht zuzutrauen.

Ist Joschka Fischer nun ein Glücksfall für Deutschland, wie der französische Botschafter es kürzlich im kleinen Kreis formuliert hat? Seine Popularität scheint jedenfalls dafür zu sprechen. In Fischer hat sich das Land mit sich selbst versöhnt, die einstigen Radikalen sich mit dem System und das System sich mit ihnen. Fischer ist aber auch deshalb der beliebteste Politiker des Landes, weil er fast allen eine Projektionsfläche bietet: Für die Älteren ist er der geläuterte Sohn einer lange verloren geglaubten Generation; für die Achtundsechziger und ihre Epigonen, also die 35- bis 55jährigen, ist er einer von ihnen, »ihr« Fischer, der durchgekommen ist, stellvertretend für alle. Und für die Jüngeren ist er einer der ganz wenigen Popstars der Politik, ein bißchen kultig und fast cool. Heimlich mögen ihn sogar die Freunde revolutionärer oder auch nur proletarisch-spontaner Gewalt, weil er etwas von diesem Hang noch immer in sich trägt. Selbst in Amerika, in Frankreich oder Italien ist Fischer populär: ein sehr deutscher Deutscher mit sehr linker Biographie, einer starken europäischen Orientierung und mit dieser beängstigenden Fähigkeit, sich in andere hineinzuversetzen.

Mehr Identifikation kann man sich kaum vorstellen. Die Republik – es ist keine allzu gewagte Vermutung – würde sich Joschka Fischer wohl gerne noch eine Weile lang zumuten unter all den Hannoveranern, Lahnsteinern, Wolfratshausenern. Am 22. September wird sich zeigen, ob es für weitere vier Jahre Berliner- und Weltbühne reicht – mit einer Option auf einen hochrangigen internationalen Posten in Brüssel oder New York. Oder der Vorhang fällt, die Grünen fliegen aus der Regierung, Fischer findet sich auf der Hinterbank im Bundestag und als Herausgeber einer Zeitung wieder. Nebenher schreibt er dann seine Memoiren. Fischer, der Unvollendete. Vielleicht wird er aber auch erneut in die Rolle des grünen Oppositionsführers schlüpfen – weil er von der Politik nicht lassen kann und weil er sich den Wiederaufstieg an die Macht zutraut, oder weil es eine allzu triste Bilanz seines politischen Lebenswerks wäre, wenn mit seinem Abgang die Geschichte der Grünen endete. Jedenfalls wäre es überraschend, wenn er uns nicht noch einmal überraschte.